Doña Maria und ihre Träume

Gewidmet ist dieses Buch Nereus Bell und Dagmar Peña, die mich auf den meisten Reisen begleitet haben und mich nicht nur großzügig mit Ideen und Inspirationen bei diesem Projekt unterstützt haben, sondern mir auch als Freunde immer mit Rat und Tat zur Seite standen.

Fotografie
Horst A. Friedrichs

Text
Elisabetta Balasso

Übersetzung aus dem südamerikanischen Spanisch
Elisabeth Brock

Typographie und Gestaltung
Yvonne Meyer-Lohr

Doña Maria und ihre Träume

Lebensgeschichten
aus Südamerika

Frederking & Thaler

Inhalt

Vorwort
Die Geschichte der Reisenden

Elisabetta Balasso, Nereus Bell, Dagmar Peña und Horst A. Friedrichs

Wir kamen von weither: aus der Hauptstadt und von der anderen Seite des Ozeans, aus Orten, die nur vom Hörensagen bekannt sind und deren Namen einen seltsamen Klang haben.

Wir stiegen aus einem großen, grünen Geländewagen, waren modisch gekleidet, hatten Fotoausrüstung und Notizbücher bei uns und wir stellten Fragen über Fragen.

Wir kamen in ein karges Land, in eine vom heißen Wind ausgetrocknete Gegend mit leuchtenden Bäumen, hoch aufragenden und kugelrunden Kakteen.

Wir kamen und begegneten der Bevölkerung: starken, engelgleichen Gestalten mit tiefen Falten, Menschen von großer Herzlichkeit, Weisheit und Gastfreundschaft.

Wir näherten uns langsam dem Leben in der Wüste und erkannten, dass die Wirklichkeit jede Literatur übertrifft. Wir, die Besucher, sind vor zwei, vor zwölf, vor 25 Jahren aufgebrochen und haben uns auf ein Projekt eingelassen, das im Laufe der Zeit Gestalt angenommen, schließlich ein Eigenleben entwickelt und uns verändert hat.

Dankbar bewahren wir die Erinnerungen an so viele allein oder in Gesellschaft verbrachten Tage und Nächte, an das strahlende Licht der Morgendämmerung, den leuchtenden Abendhimmel und die Melodie der Worte und Geschichten.

Horst A. Friedrichs und Elisabetta Balasso, Januar 2006

La Changa – María de los Ángeles

Drei Steine im Baum

Sie lehnt am Holzzaun: eine aufrechte, stolze Gestalt. Ihr Blick verliert sich im Kakteenwald. Von den Ziegen, die in unruhigen Grüppchen hin und her trotten, nimmt sie keine Notiz. Hier steht María de los Ángeles, La Changa, die mit den Füchsen reden und die Wolken lesen kann. An die hundert Mal hat sie den Januarmond aufgehen sehen, den rundesten und hellsten Mond im Jahreslauf. Den Schrei der Eule hat sie vieltausendmal gehört.

Inzwischen weiß sie nicht mehr, wie oft sie die wilden Tiere verscheucht hat, die in ihr Reich eindringen wollten, wie oft sie die armen Seelen gastlich aufgenommen hat, wenn sie sich in ihrer Pein um ein Gebet an sie wandten. Die Regentage allerdings kann sie an den Fingern einer Hand abzählen. Da geht urplötzlich einer der seltenen Schauer nieder. La Changa wird kein warmes Essen haben, weil sie auf Holzfeuer kocht und nasses Holz nicht brennt.

Das Feuerholzsammeln ist eine Kunst; La Changa beherrscht sie. Schwarzdorn zum Beispiel brennt mit bläulicher Flamme und ist sehr ergiebig. Um einen Topf schwarze Bohnen zu garen, genügt ein einziger Ast. Reisig dagegen brennt schnell hinunter. Kaum in den Herd gesteckt, geht es schon in Flammen auf, doch die Glut hält lange an, weshalb es zum Arepabacken geeignet ist.

La Changa setzt zuerst die schwarzen Bohnen auf, dann deckt sie die Glut mit Asche ab, damit sie nicht auskühlt. Bis zu einer Woche kocht sie mit derselben Glut, deckt sie immer wieder auf, bläst das Feuer an, legt Reisig nach und backt herrlich duftende, knusprige Arepas aus Maismehl.

La Changa geht mit langsamen Schritten und geräuschvoll klappernden Pantoffeln. Sie spricht vor sich hin, schweigt vor sich hin, eine lange Weile.

Warum brennt dieses Holz nicht? Es ist doch überhaupt nicht nass?

Geduldig schichtet sie die Zweige um. Ihre Hände, die so viel Reisig gesammelt und gebündelt, so viele Baumstrünke berührt und Zäune aus Kakteenholz gestreichelt haben, wirken inzwischen selbst wie knorrige Äste.

Wenn sie lacht – was häufig geschieht – klingt es als riesele eine Hand voll Steinchen auf die Erde. Zwischen den Guavenholzbrettern der Dachkonstruktion stecken verschiedene Zettel. Allerhand Plunder baumelt von der Decke: das Rezept für ein Heilmittel, eine handgeschriebene Einladung, eine Medikamentenpackung, ein Röhrchen unbekannter Herkunft, ein Fläschchen, ein weiß emaillierter Eimer. In einer Ecke lehnt der Besen und türmen sich die Rindenreste. Auch die Streichholzschachtel liegt hier, immer griffbereit. Elektrisches Licht gibt es nicht.

Ach du lieber Gott, überall hängt Krimskrams, überall liegt Zeug herum! So ein reiches Haus, in dem so viele Sachen von der Decke hängen!

Sie lacht wie ein junges Mädchen und macht sich über ihr Alter lustig. Die Worte kommen langsam und melodisch, wie von den Jahren rund geschliffene Kiesel, aus ihrem vollkommen zahnlosen Mund. Sie spricht mit dem Haus, mit dem Wind oder mit sich selbst, wobei ihre Unterhaltung oft aus Schweigen besteht. Unablässig weht der Wind durch die Distelkakteen und trägt von allen Seiten wirres Vogelgeschrei heran.

Wenn La Changa im Haus hin und her geht, wirkt ihre Gestalt wie ein lebendiger Schatten. Manchmal scheint ein Murmeln von den Wänden zu kommen. Dann wieder glaubt man, ein Leuchten wahrzunehmen. Das Haus ist bevölkert von Wesen, die La Changa am Tag begleiten und bei Nacht gewissenhaft ihren Schlaf bewachen. Sie sind harmlos und nur für La Changa lebendig. Wer in diesem Haus schläft, hat klare, erhellende Träume. Beim Aufwachen wirkt alles wie neu erschaffen. Zur Mittagszeit, im Dämmer des Hauses, nehmen die Dinge Gestalt an, die sie draußen unter der Sonne wieder verlieren. In der Nacht wird alles lebendig, pulsiert und bekommt einen geheimen Sinn. La Changas Haus atmet, beobachtet und denkt sich seinen Teil.

Die Wüste hat La Changas Gesicht geprägt. Es ist mager, von unzähligen Falten durchzogen und von bleichem Haar umrahmt, das in zwei perfekte Zöpfe geflochten ist, die ihr bis zur Hüfte reichen. La Changas Gesicht birgt die unbewegte machtvolle Maske einer uralten Göttin. Ihr Blick reicht weiter als der Wind, der ihr pfeift und nach ihr verlangt. Sie befindet sich auf der anderen Seite der Zeit und weiß womöglich bereits, dass sie in sieben Tagen sterben wird.

Ein Jahr später steht das große, alte, rundum eingefriedete Haus einsam und leer in der brütenden Hitze. Das Dach ist durchlöchert, die Küche dunkel und verlassen, auch der Garten wirkt verwahrlost und öde. Dass La Changa fehlt, ist offenkundig: Die Wegeinfassung aus runden Steinen weist Lücken auf und ist voller Staub. Kaputte Stühle, Blechkanister, Schrott, Motorradersatzteile und alte Reifen liegen herum. Der ausgetrocknete Blumenkasten mit der eingegangenen Opuntie

kündet ebenso von ihrer Abwesenheit, wie die mit einer dicken Staubschicht bedeckte Küche und der nach rechts geneigte Zaun, der dem Ansturm wilder Ziegen nicht mehr standgehalten hat. La Changa hat immer darauf geachtet, dass der Zaun rundum fest war, um die Tiere von den Pflanzen fern zu halten.

Die draußen bei den Distelkakteen meterhoch gestapelten Baumstrünke hat sie noch grün gesammelt. Sie war sehr vorausschauend und umsichtig. Alles Kakteenholz hat sie eigenhändig vom Berg heruntergeholt. Auch die Yababaumwurzeln. Weil es hier so viele Yababäume gibt, haben die Leute sie gefragt: »Changa, was willst du mit dem vielen Holz?« Der Mann, der sich hier um den Wald kümmert, hat mal ein paar Stämme angezündet. Sie wurde sehr wütend: »Er verbrennt mein Feuerholz! Wie kommt er dazu? Er soll meinen Wald in Ruhe lassen.« Sie hat alle Stämme rausgeholt. Einen nach dem anderen. Hat damit ihr Feuer unterhalten, Jahr für Jahr ... Zum Schluss blieben nur die Wurzelstöcke übrig.

Der Junge ist mit dem Fahrrad gekommen. Sein Gesicht wird von einem strahlenden, unschuldigen Lächeln erhellt. Er erzählt mit Wehmut und großem Eifer von seiner Großmutter.

Das Wasser wurde in dieser kleinen Zisterne gesammelt. Schwarze Bohnen hat sie gern mit Regenwasser gekocht, weil sie damit schön weich werden. Regenwasser zum Kochen sammelte sie in einem besonderen Tonkrug. Zum Kaffeekochen nahm sie manchmal auch Reisig, das man ihr von der Ebene heraufbrachte. Gelegentlich hat sie Mais geröstet und Chicha gebrannt. Ihr Maisschnaps war der Beste.

Die Bäume scheinen sich nach ihr zu sehnen; sie stehen irgendwie verloren herum, jetzt, wo sie nicht mehr da ist. Im Garten und im Innenhof ist die Kraft, mit der La Changa ihr Reich regierte und ihren Besitz verwaltete am stärksten zu spüren.

María de los Ángeles, La Changa, die Frau mit der stolzen Gestalt, dem in die Ferne gerichteten Blick. Das Echo ihrer Stimme wird schwächer, klingt nur noch leise in den Pflanzen nach oder verweilt hinter der Lehmschicht der Mauern.

Auch den Yababaum hat sie sehr gemocht. Er sei der Einzige, der ihr Gesellschaft leiste, sagte sie.

Es gibt viele Dinge, die von La Changas Abwesenheit sprechen, aber auch viele, die noch auf ihre Anwesenheit schließen lassen: die beiden am höchsten Ast aufgehängten Blechtöpfchen, in denen sich ein paar kümmerliche Pflänzchen am Leben halten und sich nach ihrer Gießkanne und liebevollen Fürsorge sehnen. Ein paar inzwischen vertrocknete Orchideen, die sie sorgfältig mit dünnem Draht gestützt hat. Das Brett unter dem Baum, ihre Schattenbank. Das Bad, ein perfektes Quadrat aus Kakteenholzbrettern, deren Innenseiten mit Kronkorken tapeziert sind, die sie mit feinem Draht sorgfältig zusammengefügt hat. Der weiß emaillierte Eimer, der vom Balkondach hängt. Ein hoher Pfahl mit einem Brettchen obendrauf für die Obststücke, die sie den Vögeln fütterte. Aber auch ein paar kleine, in den Orchideen versteckte Geckos und ein Drosselnest im Yababaum erzählen von La Changa.

Sie hatte noch andere Lieblinge, die Hunde zum Beispiel, die sie angelockt und gefüttert hat, auch Trupiale mochte sie gern. Weil ... ich weiß nicht warum ... sie mochte eben alle Vögel. Hier, in diesem mächtigen Käfig hielt sie Trupiale und Guasalcos. Die Vögelchen flogen herbei und pickten ihr Futter von dem Brett da drüben. Das ist jetzt auch beschädigt. Inzwischen ist viel kaputtgegangen. Für die Vögel hat sie Tomatenschalen auf das Brettchen gelegt. Aber auch die Eidechsen haben sich hier bedient.

La Changas Gegenwart ist spürbar: im vernachlässigten Gärtchen, im Chamäleon, das kurz den Kopf vorstreckt, und in den papierdünnen Puppen der Zikaden, die seitlich am Gartenzaun kleben. Die alte Dame scheint noch anwesend zu sein, wie ein

ungezähmter Wüstenengel: La Changa, die am Neujahrstag das Salzorakel befragte, um zu erfahren, ob ein strenger Winter, ein heißer Sommer oder Regenschauer bevorstehen, um die günstigen Aussaattage zu bestimmen und ob es wohl notwendig sein wird, Wasser zu bestellen oder selbst Wasser holen zu gehen. Sie ordnete ihre häusliche Welt, wie eine Magierin das ganze Universum ordnen würde, nämlich durch achtsamen Umgang mit allen, auch den kleinen Dingen, den Stöcken, Steinen und Stauden.

Sie liebte die Pflanzen. Jetzt sind alle eingegangen. Viele hat sie selbst angesät, Pringamosa beispielsweise. Die ist gut für die Nieren. Man zupft der Pflanze alle Härchen ab, bis sie ganz kahl ist und kocht sie auf kleiner Flamme. Auch Minze und Oregano wuchsen in ihrem Garten. Sie hatte verschiedene Arten Minze für ihren Tee, eine mit breiten Blättchen und eine mit schmalen Blättchen.

Und sie braute ein Getränk mit Túa-túa, ein niedriges Wolfsmilchgewächs, das hier gedeiht. Aus dunkelroten Zwiebeln und Bienenhonig hat sie Hustensaft gemacht.

Schließlich ist La Changas Gegenwart auch noch in einem kleinen Gegenstand, der im Baum hängt, zu spüren. Es ist ein ringförmig gebogener Draht, an dem drei verschiedenfarbige Steine hängen.

Sie hat immer behauptet, dass Steine gebären. Wer durchs Buschwerk streift, findet manchmal einen Stein mit einem kleinen Loch, in dem andere Steinchen stecken. »Dieser Stein hat geboren«, sagte sie dann.

Die drei Steine im Baum sind wie ein Geheimnis, wie ein Gruß an La Changas freien, ungezähmten Geist.

Pajita – José de la Paz Silva

Der Witwer und die Tauben

Der kleine Mann trägt einen großen Hut, einen von vielen tausend Arbeitstagen unter der Sonne speckig gewordenen und ausgebleichten Hut, der auf seinen abstehenden Ohren sitzt. Die breiten Brauen über den schüchtern dreinblickenden Augen sind ergraut, und der Bart überzieht sein Kinn und seine Wangen wie grobes Schmirgelpapier.

Pajita trägt nur eine abgewetzte Alltagshose auf dem mageren Leib, die von einem uralten zerfledderten Ledergürtel zusammengehalten wird. Langes, in 74 Jahren mühsamen Lebens weiß gewordenes Haar bedeckt seine schmale Brust, die sich nach innen wölbt, als suche sie in den Eingeweiden Schutz. Sein Körper ist wie der eines Kindes oder Kobolds; auch seine Gummischuhe haben Kindergröße. Seine Arme sind spindeldürr und sehnig. Die Venen zeichnen sich deutlich darauf ab und führen zu den schwieligen, von der Schreinerarbeit rau gewordenen Händen.

Mit diesen Händen verteilt er die Maiskörner, jedoch nicht mit der ausladenden Armbewegung eines Sämanns, nicht wie beim Hühnerfüttern, sondern mit der Sorgfalt eines alten Mannes: Er füllt je eine Hand voll Körner in die Plastiktöpfchen, während ihn die Tauben von den nahen Ästen aus beobachten und mit den Köpfen wie hypnotisiert seinem flinken Hin und Her folgen. Jetzt kommen sie flügelschlagend näher, mit Argwohn im Blick, das schon, aber auch mit koketter Herablassung und deutlich an den Schnabelspitzen erkennbarer Gier.

Es ist schon lange her, diese Tauben sind ungefähr zehn Jahre alt, mehr oder weniger. Die ersten hat meine Frau aus Chivacoa mitgebracht. Ein Pärchen, das dann auch Junge gehabt hat, viele Junge. Schließlich waren es mehr als 20 Tauben. Aber dann hat ein Vogel ... der Habicht, Unheil angerichtet, hat sie geholt und gefressen. Jetzt sind es nur noch sieben große und sechs junge Tiere. Die jungen sind noch so winzig, mal sehen, ob sie überhaupt groß werden.

Im geräumigen, oben mit Maschendraht verschlossenen Taubenschlag aus Zementblöcken flitzen große, schillernde Eidechsen herum. Hier wächst auch eine Opuntie mit dickfleischigen, ovalen, riesengroßen Früchten der dunkelgrünen Sorte ohne Stacheln. Unter einem schmalen Blechdach hängt quer zwischen zwei Holzscheiben ein gelber Eimer, in dem die Tauben gebrütet haben.

Hier sind zwei, da sind zwei und da oben noch mal zwei: Da sind die jungen Täubchen drin.

Nur wenige wissen überhaupt, dass Pajita Tauben züchtet. Wenn Leute zu dieser Hütte kommen, an deren Vorderseite auf einem Blechschild zwischen fröhlich klappernden Büchsen in roter Farbe sein Name steht, dann um einen Stuhl aus glatt gehobeltem Kakteenholz, eine Sitzbank oder ein Gestell zum Aufbewahren der Tonkrüge in Auftrag zu geben. Schließlich ist seine Arbeit bereits seit über einem halben Jahrhundert bekannt und geschätzt, weshalb sich die hellen Hügel aus Hobelspänen um seine Hütte noch immer vergrößern. Diese dünnen Blättchen fallen bei der Bearbeitung der Kakteenherzen ab. Vor der Tür ist ein schwarz-weißes Kuhfell mit Draht aufgespannt. Einmal getrocknet, wird aus der geschabten und gereinigten Haut die Sitzfläche eines einfachen oder mit kunstvollem Flechtwerk gearbeiteten Stuhls.

Mit 15 Jahren, erzählt er, habe er angefangen zu schreinern: Stühle, Türen, Ladentische, Schaukelstühle. Er habe immer allein gearbeitet und immer in diesem Haus.

Ich gehe fast nie weg.

Auch jetzt noch, im hohen Alter, widmet er sich dieser Tätigkeit, schneidet Holz zu, schleift es ab und stellt Möbel her, die seine ganz persönliche Handschrift tragen: sorgfältig geglättete Stücke mit klaren Linien, hellen Farben und gewissenhaft ausgeführten Details, deren Oberflächen der Hand schmeicheln wie die Haut einer geliebten Frau. Aus den groben Werkstoffen entstehen Möbel, die mit ihrer schlichten Eleganz das häusliche Leben in der Wüste bereichern.

Für sein eigenes Haus hat er Holzlatten völlig unterschiedlicher Dicke und Breite verwendet. Es besteht aus einem großen Wohnzimmer, in dem mittendrin eine Hängematte baumelt, einigen immer verschlossenen Räumen hinter der einzigen gemauerten Wand – hier ist das Radio montiert, als handle es sich um einen Altar – sowie einer Küche, die von Lichtflecken gesprenkelt ist und dadurch ein Gefühl ozeanischer Tiefe vermittelt. Die Sonne dringt durch die Ritzen ins Innere des Hauses, ergießt ihre Lichtflut über den Zementfußboden, überzieht die Bilder der hübschen Mädchen an den Wänden mit goldenen Tupfen, erhellt auch die anderen Zeitungsausschnitte – Fotografien strahlender Frauen mit breit lächelnden Mündern

und üppigen Formen, die reifen Früchten gleichen. Eine meerblaue Plastikfolie bildet den Hintergrund für die zahlreichen Abbildungen von Sängerinnen, Schönheitsköniginnen und das Foto einer »Göttin der Morgenröte«. Auf der anderen Seite, mehr im Dämmerlicht, befinden sich verschiedene Darstellungen der Gottesmutter mit Kind: die göttliche Hirtin, die Jungfrau von Guadalupe, die Himmelskönigin und Unsere Liebe Frau vom Schnee, die – ein echtes Wunder! – im stickigen Halbdunkel keineswegs schmilzt. Weiter hinten an der Wand hängen Handwerksdiplome und Zeitungsartikel über seine Schreinerkunst, das große Foto eines Zirkus', sowie Schnappschüsse, die Besucher von ihm gemacht haben.

Der schüchterne, zurückhaltende Pajita lehnt an einem Stützbalken; den speckigen Riesenhut trägt er auch im Innern des Hauses fest auf dem Kopf. Von seinen Schönheitsköniginnen umgeben, wirkt er, trotz seines langen, an Arbeit und Kummer reichen Lebens, wie ein gealterter Junge.

Er hatte vierzehn Kinder: zehn Buben, vier Mädchen. Von den vierzehn leben noch sieben. Der Jüngste geht dem Vater auch heute noch beim Schreinern zur Hand. Seine Tochter Gloria ist Hutmacherin. Sie flicht feines Stroh zu Zöpfchen und näht sie mit der Hand zusammen, wie Margarita es getan hat. Margarita, seine Frau, ist vor acht Monaten plötzlich gestorben. Er konnte keines der Kinder mehr benachrichtigen. Seit Jahren schon war sie ruhelos durchs Haus gelaufen, hatte mit finsterer Miene durch die Lücken zwischen den Latten nach draußen gespäht. Sie hatte den Verstand verloren, fantasiert und behauptet, die Tauben seien heilig. Das war ein schwerer Schlag: Zuerst starb die Frau, sechs Monate danach ein Sohn an einer Gehirnblutung. Es ist noch nicht lange her, erst etwa zwei Monate. Ein Stab ist ihm als Andenken geblieben, ein spezielles Stück für den traditionellen Stocktanz, den sein Sohn bei ihm bestellt hat und dann nicht mehr abholen konnte. Jetzt leben nur noch sieben Kinder. Und die Tauben.

Die fertigen Möbel lagern ordentlich gestapelt im Wohnzimmer. Pajita stellt sie in der Werkstatt direkt neben dem Haus her, in einem von sehr unterschiedlichen Kakteenholzbrettern umgrenzten Geviert, unter einem Dach aus ausgedienten Matratzenrahmen, die zum Schutz vor der Hitze mit Palmblättern bedeckt sind. Noch vor wenigen Jahren befand sich die Werkstatt draußen in der prallen Sonne. Der unbefestigte Boden ist über und über mit Sägemehl bedeckt. In den Ritzen der Kakteenholzbretter stecken die wichtigsten Werkzeuge ordentlich nebeneinander. Mit diesen Instrumenten wird das schlichte Material bearbeitet. Alles ist griffbereit an seinem Platz. Zwischen den mühsam fertig gestellten Tischen stehen mehrere Stühle hintereinander aufgereiht – eine Bestellung aus Caracas, die im Zeitlupentempo ihrer Vollendung entgegengeht.

Der geheime Taubenschlag befindet sich an der Rückseite der Werkstatt. Pajita, der Mann ruhiger, gelassener Worte, betrachtet die Tauben, und diese blicken aus rosaroten, kugelrunden Augen, die an wilde Erdbeeren erinnern, auf die jugendliche Gestalt des alten Mannes.

Sie legen oft Eier, immer bei abnehmendem Mond, etwa alle zwei Monate. Nach zwei Monaten, mal mehr, mal weniger, schlüpfen dann die Jungen aus. Nach weiteren zwei Monaten sind sie flügge, und so lange werden sie gefüttert, mindestens.

Über die breiten Rücken seiner groben Hände mit den festen Fingernägeln, die so viel Holz gebändigt und gezähmt haben, verlaufen die Adern wie ein Netz von Rinnsalen. Wenn weiches Taubengefieder diese Schwielen streift, erhellt augenblicklich ein entwaffnendes Lächeln Pajitas duldsame Züge und schwebt, einer Sinnestäuschung gleich, im sonnenwarmen Dunst.

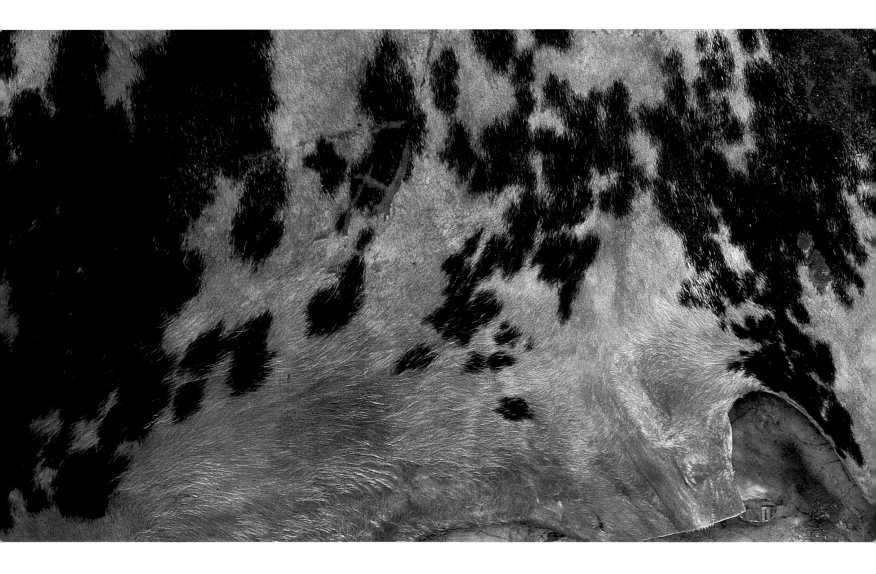

Ruperta Rodríguez

Doña Ruperta und die Fremdlinge

Für eine kurze Zeit werden die mächtigen Kujibäume zu schwarzen Schatten. In der Ferne glüht
der Rand des Himmels noch orangegolden und der
Abendstern glänzt über den Bergen. Es ist die Zeit,
in der hin und wieder tanzende Irrlichter zu sehen
sind, von denen es im Dorf heißt, es wären Seelen
aus dem Fegefeuer, die der Welt einen Besuch ab-
statten. Man nennt sie die Fremdlinge.

Hier in der Wüste, die langsam dunkel wird, steht Doña Rupertas winziges Haus, versteckt hinter einem großen Kujibaum,
dessen Äste auf elf Gabelstützen ruhen. Ihr Haus besteht aus
einem einzigen Zimmer ohne Fenster und einem langen Balkon davor. Er ist mit Zinkblech überdacht und geht zum Steil-
hang hin. Die Küche, ganz aus leichten Kakteenholzbrettern,
ist seitlich angefügt und hat einen eigenen Eingang. Auf dem
Balkon lehnt, von zwei Astgabeln gestützt, ein großer Baum-
stumpf an der Wand. Er eignet sich gut zum Ausruhen und um
den Blick schweifen zu lassen. Hier oder auf dem krummen
Stühlchen direkt vor der Tür, sitzt Doña Ruperta jeden Tag. Die
Hände in den Schoß gelegt, die Finger ineinander verschränkt,
lauscht sie dem Wind, der ununterbrochen weht, mal stärker,
dann wieder ein wenig nachlassend, um sich erneut mit Macht
zu melden. Doña Ruperta lebt ganz allein auf dieser Anhöhe,
ganz allein bereitet sie sich jeden Tag ihre Arepa, den Maiskuchen, und ihren Kaffee zu. Tiere hält sie nicht. Früher hatte
sie mal eine Katze, aber die ist inzwischen an Altersschwäche
gestorben. Jeden Tag kommt eine ihrer Enkelinnen vorbei. Sie
bringt einen großen Krug Wasser, und manchmal bleibt sie ein
wenig, um Doña Ruperta Gesellschaft zu leisten. Sonst aber ist
Doña Ruperta allein.

Sie wandert in der Gegend herum und sammelt Brennholz für
den Küchenherd. Um ihre Notdurft zu verrichten, geht sie weit,
versteckt sich im Buschwerk, denn sie will nicht gesehen
werden. Sie behauptet, dass sie in dieser Einsamkeit beobachtet wird, und zwar vom Zwiebelfeld aus, das früher mal ein
Friedhof der Ureinwohner war. Hier findet man heute noch Ton-
scherben, Teile von Halsketten und manchmal mit viel Glück
einen lanzenförmigen Stein aus präkolumbischer Zeit, mit ma-
gischen Eigenschaften.

Der Wind weht unablässig und fegt alles blitzblank. Ein abge-
brochener Ast mit überraschend grünen Blättern rollt plötzlich
über die Erde. Ein kleiner Vogel lässt sich auf einem der höchsten Äste des Kujibaums nieder. Langsam verschmelzen die
Berge mit der Dunkelheit.

Doña Ruperta wendet den Blick von der Wüste ab und erhebt
sich mühsam vom Stuhl, auf dem sie lange gesessen und in die
Ferne geschaut hat. Der Stuhl bleibt vor dem Haus stehen und
bewacht es, eng an einen der Pfosten gerückt, die den Balkon

abstützen, damit er nicht völlig zusammenbricht. Doña Ruperta streicht sich mit ihren von Arthritis knotig verformten Händen das Kleid glatt, steht auf und schlurft in ihren Hanfschuhen zur Küchentür: ein Schritt, zwei, drei, vier.

Sie konzentriert sich minutenlang, um mit steifen Fingern das komplizierte Gewirr der kleinen Knoten zu lösen, mit denen sie jedes Mal die Küchentür zusperrt. Schließlich hat sie es geschafft, zieht nun langsam die Tür aus Kakteenholzbrettern auf und geht hinein. Sie stützt sich am Rand des Küchenherds ab, der unter der Last der Asche und Glut so vieler Jahre schief geworden ist. Mit zittriger Hand schenkt sie sich ein Schälchen Kaffee ein und häuft sorgfältig eine dicke Schicht Asche auf die Glut. Streichhölzer verwendet Doña Ruperta nicht.

Sie geht um den Berg leerer Plastikflaschen in der Ecke herum und kommt wieder aus der Küche. Am Holzgerüst für den Stein zum Zerkleinern der Gewürze stützt sie sich kurz ab, stößt dann einen schwachen Seufzer aus und drückt die Tür langsam zu. Zehn Minuten lang ist sie damit beschäftigt, die Hanfschnüre und ausgefransten Stricke zu verknoten, um die Küchentür wirklich gut zu versperren. Das braucht seine Zeit.

Ein Schritt, zwei, drei vier: Doña Ruperta geht ins Haus. Drinnen zündet sie eine Kerze an und stellt sie auf den Boden. Die flackernde Flamme wirft einen warmen Schein, der ihr die Runzeln noch tiefer ins Gesicht gräbt: Ihr Kopf wirkt wie aus Holz geschnitzt. Ihre Stimme klingt erdig. Die Worte formen sich undeutlich, schleppend, wirken so, als kämen sie aus weiter Ferne. Den Gezeiten der hochsteigenden und entschwindenden Erinnerungen folgend, reihen sich ihre Sätze aneinander. Sie spricht von ihren Schmerzen, von ihren Verstorbenen, von einer hundertjährigen Vergangenheit.

Ay, Dios! Wenn du keine Mama mehr hast, keinen Papa und keine Kinder, auf die du warten kannst, wie sehen dann die Gedanken aus? Ich denk an so viele verschiedene Geschichten. Wenn ich nicht weine, bete ich. Es gibt so viel zum Nachdenken, so viele Geschichten – nachdem mir alle weggestorben sind, auf einmal, in einer einzigen Nacht. Das ist so eine schlimme Geschichte – die ich aber nicht erzählen mag.

In jeder schlaflosen Nacht wartet sie darauf, dass auch sie geholt wird und bittet Gott darum. Will Gott sie etwa nicht zu sich nehmen? Sie zählt die Namen ihrer Kinder auf, als bete sie einen Rosenkranz herunter.

Vier Kinder hab ich gehabt und einen Abgang. Sie heißen: José Nicomedes, María Narcisa, María Rosán und María Guillermina Ramón, die ist mir geblieben; die anderen sind mir schon als kleine Kinder weggestorben.

Ihr Atem geht ruhig. Der Blick kommt aus winzigen Augen, die dunkel sind wie die Samen der Paraparafrucht. Doña Ruperta verliert sich in ihrer persönlichen Wüste, in der ihre Verstorbenen wohnen. Ihr Zeitfaden ist brüchig, er reißt und fügt sich ungeordnet wieder zusammen. Manchmal lacht sie ein wenig. Dann werden die Runzeln dichter, und die kleinen Augen verstecken sich in den tiefen Höhlen. Zum Beispiel, wenn sie von Heriberto erzählt, einem ihrer Ururgroßenkel, der versucht hatte, in ihrem Bett zu schlafen, sich dann aber auf den Boden fallen ließ, weil er ein Bett nicht gewohnt war.

Früher hatte ich gern viele Leute um mich rum, doch jetzt hab ich nichts, ich kann nicht arbeiten, hab weder Papa noch Mama noch Kinder, niemanden. Nur Enkel, Urenkel und Ururenkel. Allein von Guillermina hab ich, hm ... 19 Ururenkel. Und zehn Urenkel. Eine Riesenmenge. Zusammen mit Baltasar hab ich 15 Ururenkel. Weiter weg noch mehr. In Acárigua sind es ... sind es ... sechs. Ein Teil lebt in Quíbor. Überall hab ich Verwandte. Die hier in der Nähe leben, kommen immer her. Sie bringen mir Essen, Milch, Selbstgebackenes, und Geld geben sie mir auch. Die Familie versorgt mich, aber viele sind weit weg.

Ein letzter Lichtstrahl kommt von weit her, es scheint, als streichle er zärtlich über den festgestampften Boden. Die Lehmwände sind so zerfurcht wie Doña Rupertas Gesicht, und während die Schatten dunkler werden, verschwimmen die

Grenzen zwischen Haut und Erde immer mehr. Sie trinkt noch einen Schluck von ihrem Kaffee und wartet ab, als hoffe sie, dass ihr die Worte wieder einfallen. Im Flammenschein sind die unzähligen Flicken auf ihrem Kleid zu erkennen. Der dünne Stoff mit den kleinen, ausgebleichten, rosaroten Herzen ist abgetragen. Das Gewand wird von winzigen Plastikperlenknöpfen zusammengehalten. Mit ihrer großen, knotigen Hand greift sie nach dem Taschentuch und legt es sich auf den Kopf. Ihr dünnes weißes Haar ist über den Ohren zu zwei festen Schnecken gedreht. Trotz ihrer fast hundert Jahre wirkt sie wie ein kleines zartes Mädchen.

Früher hab ich gearbeitet, hab aus Palmrispen Hüte geflochten, das Mark aus dem Zuckerrohr gepresst. Dann bin ich runtergegangen und hab Baumwolle und Bohnen gepflückt, Mais geschnitten und Mais gesät. Das Wasser hab ich in einem Tonkrug aus der Schlucht nach oben geschleppt, Tag für Tag. Der Fluss war schon immer da. Dann sind die Herren gekommen und haben Wasserleitungen gelegt. Jetzt kann man Wasser holen, ohne zum Fluss zu gehen.

Im Dämmerlicht lassen sich undeutlich die Holzstangen erkennen, die mit Schnüren aus Agavenfasern verbunden sind. Zwischen den Querbalken ist die Mischung aus Lehm und Stroh fest geworden und hat glatte Wände gebildet, die nicht getüncht sind. Nur außen ist eine Lehmschicht aufgetragen worden, die inzwischen abblättert.
Die Hitze lässt nach, und die Nachtkälte sucht sich einen Weg durch die Ritzen ins Innere des Hauses. Jetzt bleibt man besser drinnen. Da draußen liegt die Wüste mit unbekannten Tieren. Eins nähert sich womöglich der Küche, in der Doña Ruperta jeden Morgen Kaffee kocht und Arepa bäckt, weil es sich an der warmen Asche des Holzfeuers wärmen möchte.

Das Haus ist wohl über 40 Jahre alt. Es war aus Guavenholzbrettern, aber die haben nichts getaugt und sind verfault. Ich hab mein ganzes Leben lang allein hier gelebt. Doch auf einmal kommen Leute, besuchen mich und lärmen herum. Nachts kann ich nicht schlafen, schon lang kann ich nachts nicht mehr schlafen. Jetzt geht es mir nicht gut. Ich hab große Angst, wenn ich mich bewege, trau mich nicht mehr weiter weg. Also hab ich mich auf den Stuhl gesetzt, wo ich doch kaum mehr sitzen kann, wo ich mir alles gebrochen hab. Ich bin ganz steif. Der Doktor hat gesagt, wenn ich noch mal falle, steh ich nicht wieder auf. Aber wir armen Leute sind zäh. Ich hör es ganz laut, Ave Maria, hör einen Windstoß, heiligste Maria, Mutter Gottes, und hör das Geschrei eines Mädchens, jede Nacht schreit es. Ich halt mir die Ohren zu und hör sie trotzdem. Das ist ein Fremdling, sag ich mir.

Die Zeit bleibt stehen im Haus von Doña Ruperta. In den dämmrigen Ecken scheinen Geisterwesen zu kauern, treu und ergeben wie magere Hündchen. Nichts geschieht, und doch hat alles seinen Sinn: der Stock zum Abwehren der Tiere, der so ausgedörrt ist wie Doña Rupertas Arme; das Stück Ziegenkäse auf dem Tellerchen aus Ton; der Nagel, an dem die kleine Plastiktüte hängt, die Vorratskammer und Kühlschrank ersetzt; die bescheidene Ruhestatt, ein Kinderbett, auf das sich Doña Ruperta allnächtlich legt, um nicht zu schlafen – alles, selbst die Risse in den Lehmwänden, scheint etwas mitteilen zu wollen. Wie ein schlafendes Wesen atmet das Haus tief und ruhig aus und ein; vielleicht träumt es anstelle von Doña Ruperta die Träume, die sie vergessen hat.

Der Wüstenwind bleibt draußen, wild pfeift er durch die Kakteen. Bald brechen die Nachtvögel auf zur Jagd. Bald ist ihr trauriger Schrei zu hören.

Chico – Francisco – und Verónica Aranguren

Geburt in der Hütte

Wie ein zunehmender Mond wächst die Arepa in Verónicas kleinen Händen. Gelb, fest und riesengroß wird dieser Maiskuchen zu den anderen in die Glut gelegt, und schon kommt die nächste Arepa an die Reihe. Sie vermischt die grob gemahlenen Maiskörner mit gelbem Mehl und feuchtet den Teig mit Wasser an, das sie sehr vorsichtig aus einem Töpfchen gießt, um ja keinen Tropfen zu verschwenden.

Francisco, den alle Chico nennen, steht am Tisch und beobachtet sie. Die Körner haben ihre Jungen gemahlen, das Wasser kommt aus der Quelle von Agua Viva. Es ist salzig, aber nicht bitter, ein sehr reines Wasser, direkt aus den Bergen. Die Einheimischen sind es gewohnt und trinken es gern. Verónica ist in diesem Dorf geboren, ihre Mutter und Chico, ihr Mann, auch. Fast alle ihre Kinder hat sie hier in der Hütte zur Welt gebracht, auf dem blanken Boden.

Während sie die verkohlten Stellen der Arepa mit dem gezackten Rand einer Konservenbüchse abschabt, zählt sie die Kinder auf, die sie geboren hat: acht Jungen und drei Mädchen, elf insgesamt. Ein Abgang im zweiten Monat kommt noch dazu.

Sie haben mir gesagt, ich soll verhüten, aber nein, das wollte ich nicht! Hmm! Ich nehme, was Gott mir schenkt. Die Sache mit der Verhütung gefällt mir nicht.

Auf Chicos Wunsch hat sie die drei letzten Kinder in Quíbor zur Welt gebracht, erzählt sie. Nach dem Tod ihrer Mutter wäre sie nämlich allein gewesen, ohne Hilfe. Aber alle anderen hat sie zu Hause geboren.

Ich ging in die Hocke und hab sie auf den Boden gleiten lassen, einfach so.

Ihr letzter Sohn, Rafael, das Nesthäkchen, ist jetzt 29 Jahre alt. Sieben Jahre lang hat sie den Jungen gestillt. Die ersten zwei Jahre bekam er ausschließlich Muttermilch, dann fütterte sie ihm auch feste Nahrung zu.

Der liebe Gott schütze und behüte ihn, damit er heil und gesund wieder nach Hause kommt.

Keines der Kinder war je im Krankenhaus. Wenn eines krank wurde, nahm sie es auf den Arm und brachte es zu Fuß nach Acarigua zum Arzt.

Unser Herr Jesus breitet seinen Schutzmantel über die Kinder aus. Das ist meine Meinung.

Jetzt kommen noch andere Frauen herein. Alle leben in der näheren Umgebung und sind irgendwie verwandt. Vor vielen Generationen kam der Name der Familie aus Cañama, inzwischen heißen alle Aranguren. Sie sind vollzählig da: die unverheirateten Frauen, die verheirateten oder im Konkubinat lebenden, auch einige, die zwei Männer gleichzeitig haben. Sie lächeln vergnügt und arglos, strahlen eine paradiesische Unschuld aus und haben einen offenen Blick.

Die feinen Gesichtszüge einer Enkelin, die den Namen eines Marienheiligtums trägt, fallen ganz besonders auf: ihre schmalen Augenbrauen, die tiefschwarzen, glänzenden Augen, die perfekten Zähne und der Goldton ihrer Haut, der an poliertes, helles Holz erinnert, das dunkelkastanienfarbene, glatte, schwere Haar. Maura del Carmen, ihre Mutter, hat mit ihren 34 Jahren bereits sieben Kinder, das in ihrem enormen Bauch mitgezählt. Die Frauen nennen die Zahl ihrer Kinder mit Stolz, vermelden sie wie einen Sieg. Kinder sind ein Segen. Dann lachen die fünf in der Küche versammelten Frauen und zählen ihre Gottesgeschenke auf. Verónica bemerkt dazu energisch:

In der Heiligen Schrift heißt es: »Du sollst Vater und Mutter ehren, damit es dir wohl ergehe und du lange lebest auf Erden.« Und: »Mit welchem Maße ihr messt, wird euch gemessen werden.« Wie du mit deinen Eltern umgehst, werden deine Kinder mit dir umgehen. Meine Mutter ist in meinen Armen gestorben und mein Vater auch.

Maura bestätigt mit biblischem Eifer, dass sie sehr brave Kinder habe, die ihr jederzeit gern zur Hand gehen. Eine junge Frau, die in der Küchentür steht, bleibt stumm. Weil sie kein Kind geboren hat, wird sie als »leere Büchse« verspottet. Sie duckt sich, lächelt schuldbewusst und nimmt den schrecklichen Fluch der Unfruchtbarkeit auf sich, deren Ursache nur bei ihr, der Frau, liegen kann, weil es die Frauen sind, die Kinder gebären. Eine Katze mit dreifarbigem Fell liegt wärmesuchend zusammengerollt, reglos auf dem staubigen Küchenboden. Das Gelächter der Frauen braust auf wie ein Insektenschwarm, dringt aus der dunklen Küche und umschwirrt die Hütte.

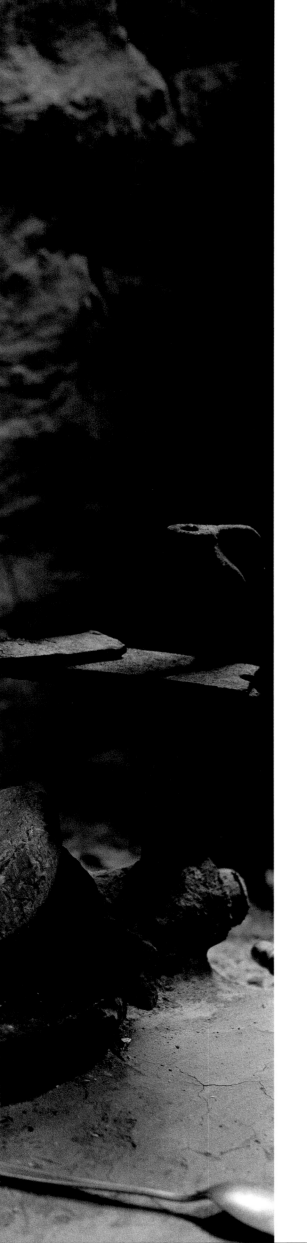

Das Gebäude ist ein schlichtes Rechteck mit einem langen Balkon davor. An einem Ende befindet sich Verónicas dunkles, warmes Reich, in dem ihre gelben Monde entstehen. Daran schließen sich zwei verschlossene Räume an, Abstellkammern, in denen alte Möbel auf der blanken Erde stehen und Kleider kreuz und quer auf den Hanfschnüren der Hängematten verteilt sind. Die Lehmwände tragen die Spuren großer Hände: parallel verlaufende Furchen in Fünfergruppen, die die ganze Hütte für immer in einer streichelnden Geste umfangen halten.

Draußen auf dem Balkon hockt Francisco. Er wirkt wie ein großer, zerzauster, aber sanftmütiger Vogel. Mit der Machete bearbeitet er ein Stück Holz, bis eine reich gemaserte Kugel daraus geworden ist. Später, nachdem die blanke Klinge das Wunder an Geschicklichkeit vollbracht hat, wird die Oberfläche glatt geschliffen und poliert. Seine ersten Kugeln hat Chico für eine Art Kegelspiel angefertigt.

Für dieses Spiel braucht man drei große Stöcke und einen schmalen, langen Graben. Der wird mit Messern bestückt, die verschieden viel wert sind. Sechs Punkte oder mehr. In die Mitte kommt eine Klinge, die heißt Zwölfer. Wer einen Sechser trifft, bekommt sechs Punkte. Wer ein Messer aus der Bahn wirft, zwölf Punkte. Die ganz große Klinge ergibt 24 Punkte. Man spielt dieses Spiel zu mehreren.

Mit dem Aufblühen des Kunsthandwerks ist auch das Dorf gewachsen. Wer Talent besaß, hat sich auf die Holzschnitzerei spezialisiert. Früher haben die Leute das Holz in den Hügeln gesammelt, jetzt müssen sie es kaufen. Heute gibt es kein Kakteenholz mehr, keinen Schwarzdorn, keinen Miguelito, der weißes Holz und winzige Blätter hat, an denen kleine, runde Knospen wachsen, die zu weißlichen Blumen werden und dann nach Kokosmilch schmeckende Schoten bilden. Auch der dicht belaubte Cotoperí mit seiner üppigen Krone auf dem festen, geraden Stamm ist verschwunden.

Eine Schar Perlhühner rennt laut gackernd herum. Sie streiten sich mit einem jungen Sperber um einen Brocken. Der versteckt sich schließlich hinter der Hütte, um dort in Ruhe seine Beute zu verzehren. Das Sperberjunge war aus dem Nest gefallen und ist zusammen mit den Hühnern aufgezogen worden, weshalb es nun, wider seine Natur, wie diese nur am Boden herumläuft, anstatt zu fliegen.

Immer mehr Leute kommen dazu: Söhne, Töchter, Schwiegertöchter, Enkel, Nachbarn. Alle gehen in die Küche, begrüßen Verónica und die anderen, erbitten den Segen und nehmen sich eine Arepa. Plötzlich durchbricht ein melodiöser Vogelruf die Stille.

Das ist der Guasamaco. Er singt schön. Sein Gefieder ist schokoladenbraun, und er hat weiße Flecken auf der Brust.

Die Umgebung der Hütte ist von kleinen, runden, flachen Schachteln aus Blech oder Plastik übersät. Sie liegen zwischen den Büschen herum und stecken auch in einem zum Platzen gefüllten Beutel, der an einem niedrigen Ast hängt. Ihre Farben sind von der Sonne ausgebleicht. Es sind leere Kautabak-Schachteln verschiedener Marken: El Búfalo, Las Palmitas, El Tigrito, El Tovareño, El Gallito. Die Marke El Tigrito scheint am beliebtesten zu sein. Maura hebt zwei Finger hoch, kann kaum sprechen vor Lachen, und zeigt damit an, dass sie zwei Päckchen kaut. Und das nicht pro Woche, sondern pro Tag, wie sie unter zwitscherndem Gelächter erklärt.

Alle Frauen kauen Chimó, die leicht anregende Tabakpaste, und zwar in großen Mengen. Verónica kauft die Marke El Búfalo, weil sie billiger ist als El Tigrito, ein Tabak, der ihrer Meinung nach sowieso nichts taugt und nach nichts schmeckt. Maura sagt, dass ihr schwindlig wird, wenn sie ein wenig von Verónicas Chimó probiert, weil er so stark ist.

Die Zeit fließt gleichförmig dahin; solange die Sonne scheint, unterscheiden sich die Morgenstunden kaum von den Abendstunden. Die Großfamilie hat sich in Bewegung gesetzt und auf einem langen Baumstamm sowie mehreren Stühlen niedergelassen, draußen neben der Hütte, bei den beiden störrischen Eseln, die in den Bergen eingefangen und hier festgebunden wurden. Vielleicht gelingt es, sie zu zähmen? Die jungen Männer reden über allerlei technische Sachen, während Francisco mit der Enkelin spielt, sie neckt und vorgibt, ihr die Leckerei aus der Hand reißen zu wollen, die sie hingebungsvoll genießt. Sie lutscht hausgemachtes Eis aus einer schmalen Plastiktüte. Verónicas geschickte Finger spielen mit einem zum Kreis verknoteten Hanffaden und bilden verschiedene Figuren. Die Kinder rufen im Chor:

Die Hühnerkralle! Das Hemd!

Als sich das alte Paar zum Fotografieren aufstellt, kommen alle näher und sehen ruhig zu. Chico und Verónica stehen nebeneinander. Er: sehr groß und schlank, mit insektenartig dünnen, unwillkürlich in alle vier Himmelsrichtungen abstehenden Extremitäten, sehr kurzem Haar auf dem kleinen Kopf und einer langen, deutlich nach unten weisenden Nase; sie: klein und zierlich, mit grauen Zöpfen, die ihr wie zwei Tausendfüßler über den Rücken hängen, in ihrem von tausend Arbeits- und

Küchentagen fleckig gewordenen Kleid, das vorne am Bauch, wo sie sich die Hände abwischt, dunkler ist. Stocksteif stehen sie da wie zwei Holzpuppen, angespannt und voller Erwartung.

Chico murmelt kaum verständlich: »Zwei Hässliche beisammen.«

Das Paar steht aufrecht vor der rissigen Wand mit den Fingerspuren im Lehm, weiß nicht wohin mit den Händen – mit den zarten und den plumpen Händen – während es stumm und aufgeregt das letzte Bild erwartet.
Chico ist 74, Verónica 68 Jahre alt. Sie haben sich beim Viehhüten kennen gelernt.

»Ich habe ihm gefallen«, sagt sie.

»Sie hat mir schöne Augen gemacht«, sagt er.

Alba Suárez, Eubenicia, Lucero, Eugenia

Geburt und Tod der Ziegen

Wer sich Santa Cruz de Pecaya nähert, dem steigt der Bratengeruch bereits in die Nase. In Albas Haus spritzt Bier über die Tische. Die Festgesellschaft sitzt im Freien. Die Stühle sind aus Kakteenholz und haben aus Lianen oder Lederstreifen geflochtene Sitzflächen. Die Leute warten auf ihre Teller mit Ziegenbraten, beschallt von lauter Musik aus einem großen Kofferradio, das auf einem Tischchen unter einem Baum steht.

Die Gruppe Aventura singt vom Leben einer Frau, die so arm ist, dass sie ihrem Kind kein Essen kaufen kann und deshalb zur Prostituierten wird.

... Das ist die Geschichte einer Mutter, die Hunger litt und einen Fehler gemacht hat, für ihr Kind ...

Im Hof zwischen den Neembäumchen mit ihren zarten, grünen Blättern gräbt ein Kind mit einem Stöckchen Kronkorken aus der Erde und klopft sie platt. Unter einem Blechdach, das von drei Holzpfählen und einem Mangobaum gestützt wird, spielen ein paar Männer geräuschvoll und mit großem Eifer Domino. Eine Ziege mit zusammengebundenen Vorderbeinen schleppt sich mühsam auf Knien durch die bunte Menge und schnuppert erwartungsvoll.

An der Wand neben dem Gatter ist mit Reißzwecken ein Plakat befestigt, das sich mit einem handgeschriebenen Text an streitlustige Gemüter wendet:

OB REVOLUTIONÄRE ODER OPPOSITIONELLE, WIR SIND FÜR ALLE DA. ALSO SEID SO FREUNDLICH UND STREITET EUCH NICHT. HIER WERDEN ALLE GERN BEDIENT. VERGESST DIE POLITIK, SIE HAT IN DIESEM HAUS NICHTS ZU SUCHEN. IHR SEID UNS ALLE JEDERZEIT WILLKOMMEN.

Geschlachtet hat Alba schon am frühen Morgen, gegen sieben Uhr. Dazu setzt sie sich immer eine himmelblaue Papierhaube auf, wie sie Chirurgen tragen. Sie fixiert die Ziege, packt sie mit sicherem Griff und versetzt ihr mit dem Prügel einen Schlag auf den Schädel. Das Tier fällt zu Boden. Sie sticht ihm in den Hals, um das Blut aufzufangen. Aus dem Magen wird das Lab entnommen, getrocknet und dann zum Käsen verwendet. Die Därme, die zum Wurstmachen benötigt werden, legt Alba zur Seite. Die Innereien werden später gebacken oder gebraten. Die Knochen kommen in die Suppe, die Füße in den Bohnen- oder Kutteleintopf. Abgesehen von den Hörnern wird die Ziege vollständig verarbeitet.

Jetzt hängen die mit grobem Salz eingeriebenen und mit Pappschildchen versehenen Fleischstücke an einem Draht. Die Schildchen, auf denen das Gewicht vermerkt ist, wurden aus der Schachtel einer Whiskyflasche ausgeschnitten. Ein paar Trupiale mit gewaltigen, schwarzen Schnäbeln lassen sich auf dem Draht nieder und blicken aufmerksam in die Runde. Diese Vögel haben ein farbenprächtiges, grellorangefarbenes und schwarz-weiß getüpfeltes Gefieder.

Das Fleisch wird im Freien über offenem Feuer gebraten. Der Herd besteht aus einer gehärteten Tonplatte, die auf ein paar Holzstützen liegt. Dichter Rauch steigt vom brutzelnden Fleisch und duftenden Feuerholz auf und staut sich unter dem Metalldach. Eine Schwarzdrossel lässt sich auf dem Draht nieder, um am Fleisch herumzupicken. Alba verscheucht sie durch lautes Aneinanderschlagen von Hackebeil und Schlachtmesser, geht zurück zum Herd und wendet das Fleisch über der Glut. Die Trupiale werden, vielleicht ihrer majestätischen Schönheit wegen, geduldet.

Alba hat sich umgezogen. In schwarz-weißer Bluse und roter Kittelschürze bedient sie jetzt die Gäste. Ihr gelocktes Haar trägt sie offen. Sie bringt Bier für alle und serviert das Fleisch, zusammen mit drei mächtigen Arepas sowie ein paar reichlich mit Mayonnaise garnierten Tomaten- und Zwiebelscheiben, auf einem großen Holztablett. Es gibt so viele Gabeln wie Esser, aber nur ein Messer, weil, von der Schlackwurst abgesehen, alles vorgeschnitten ist. Zwei Kilo Ziegenbraten: Das scharf gewürzte, helle, saftige Fleisch wird mit der Gabel vom Gemeinschaftstablett genommen und mit der Hand gegessen.

Inzwischen bringt im Gehege, das auf einem Haufen Ziegenkot errichtet wurde, eine Ziege blökend ihr Junges zur Welt. Im Gehege mit etwa 80 Ziegen, stehen ein Yaba- und zwei Kujibäume. Alle Äste in Reichweite der gierigen Mäuler sind kahl gefressen. Die zarten Zicklein hopsen ahnungslos um ein paar frische Ziegenfelle herum, die zum Trocken auf dem Boden liegen.

Als zwischen den Hinterbeinen des Muttertiers der noch in seiner durchsichtigen Umhüllung steckende Kopf des Zickleins erscheint, blökt es lauter. Bei der letzten, krampfartigen Wehe, begleitet von einem herzzerreißenden Schrei, stürzt das Zicklein zu Boden. Dann wird das Neugeborene von der Mutter gereinigt. Sie meckert beruhigend, leckt seinen ganzen Körper ab und frisst die Reste der Fruchtblase auf. Das Neugeborene versucht, dem Gemecker der Mutter zu antworten und mit tapsigen Bewegungen aufzustehen. Schließlich gelingt es ihm, sich mehr oder weniger gerade auf den vier zitternden Beinen zu halten. Die Ziege gibt ununterbrochen beruhigende Laute

von sich. Das Junge schnuppert an ihren Beinen, schlüpft unter
den Körper der Mutter, sucht die Zitzen, saugt angestrengt und
wedelt dabei heftig mit dem Schwänzchen.

In und um Albas Haus geht es laut und lebhaft zu. Die Leute
haben zur Feier des Tages ihren Sonntagsstaat angelegt und
finden sich zur Messe ein. Heute ist das Fest des wundertäti-
gen Arztes José Gregorio Hernández, dessen Bild hier auf
jedem Hausaltar steht.

Die Kapelle ist sehr klein und im Laufe von 20 Jahren von all
den Gebeten und Andachten bereits etwas abgenutzt. Plastikblumen in allen Farben, frische Stiefmütterchen, ein Holzkreuz,
zahlreiche Heiligenfiguren, Marienstatuen und Jesuskinder
schmücken sie. Die größte Statue befindet sich auf der linken
Seite: José Gregorio Hernández in Lebensgröße, mit schwarzem Anzug, Hut und Krawatte, seinem typischen Bärtchen und
dem milden Blick. Viele Kerzen brennen zu seinen Füßen. Es
ist halb fünf, und alles wartet. Die Messe hätte zwar schon vor
einer halben Stunde anfangen sollen, doch der Pfarrer ist immer noch nicht eingetroffen.

Schließlich wirbelt eine Staubwolke auf, und ein dunkler Wagen
fährt vor, dem ein junger, höchstens 30-jähriger Mann ent-
steigt. Er grüßt die versammelte Gemeinde, geht mit energi-
schem Schritt zum Altar, packt seine Gerätschaften aus, zieht
das Messgewand über sein Markenhemd und beginnt, ohne
weitere Umstände, die Messe zu lesen.

Die Gemeinde singt die langen Psalmen, falsch, aber mit Hin-
gabe, wobei der Pfarrer – Gott segne ihn! – am falschesten singt:

Der Herr ist mein Hirte, mir wird an nichts man-
geln … Meine Hilfe kommt vom Herrn …

Die Predigt ist dem Doktor José Gregorio Hernández gewidmet,
der noch kein Heiliger ist, sondern ein Diener des Herrn, wie
der junge Geistliche klarstellt.

Er wurde – noch nicht – heilig gesprochen, weil
sein Bild bedauerlicherweise die Altäre gewisser
Hexenmeister und Quacksalber schmückt.

Die Messe geht schnell ihrem Ende zu. Ein junges Mädchen

bringt ein Coca-Cola-Glas voll Wasser von draußen herein, das der Pfarrer für die heilige Kommunion segnet, um anschließend mahnend und nachdrücklich zu bitten:

Wer bereit ist, die heilige Eucharistie zu empfangen, hebe die Hand.

Lediglich zwei Hände gehen in die Höhe. Der Pfarrer macht flott voran. Als der Friedensgruß an der Reihe ist, kommt geordnete Unruhe auf, weil sich alle erheben, um alle zu grüßen, zu umarmen oder zu berühren, wobei auch der Pfarrer nicht ausgelassen wird. Er beendet den Schlusssegen mit einem energischen Viva José Gregorio Hernández! und löst damit einen langen, allgemeinen Applaus aus.

Als er sich eilends anschickt zu gehen, kommt Carmen, die Frau von Tomás, auf ihn zu, und zwar mit dem gleichen sanftmütig ermunternden Blick, mit dem sie auch ihre Kundschaft, die Agavenschnaps kaufen möchte, begrüßt. Sie bittet ihn, an der Prozession teilzunehmen. Der Pfarrer entschuldigt sich mit dringenden Verpflichtungen: Er hat noch eine weitere Messe vor sich, in San Pedro und Pablo, in Pecaya, dann noch eine in der eigenen Pfarrei. Doch Carmen lässt nicht locker:

Wir haben auch eine Taufe.

Ah, warum habt ihr mir das nicht vorher gesagt? Ich hätte die Taufe in die Messe einbezogen. Na gut, her mit dem Kind, dann tauf ich es.

Das Kind wird gebracht, und die Patin – es ist Eustiquios älteste Tochter – stellt sich dazu.

Wie heißt das Kind?

Luis Miguel.

Aha, wie der Künstler!

Der Pfarrer ist noch dabei, das Kind zu bekreuzigen, da beginnt es schon zu zappeln.

Warte, es fehlt noch der Heilige Geist. Wo ist denn der Vater?

Die Mutter ist Vater und Mutter.

Wie das? Das gibt's nicht, so wenig, wie es vom Heiligen Geist sein kann.

Das Kind fängt erschrocken an zu weinen. Niemand lacht. Der Geistliche verabschiedet sich schnell und verschwindet im dunklen Wagen, den nun wieder eine große Staubwolke verschluckt. Vier Männer schleppen das Gestell mit der großen Figur des verehrten Doktors auf ihren Schultern aus der Kapelle. Carmen führt die Prozession an. Nach der Prozession wird mit lauwarmer, recht süßer Limonade und Keksen bei Alba die Taufe gefeiert. Aus dem Radio erklingt traditionelle Tanzmusik, der Ziegenbraten duftet, und an einigen Tischen wird noch immer Domino gespielt.

Es ist schon nach sieben Uhr, als Großmutter Eugenia auftaucht. Mit ihrem derben Knüttel in der Hand und dem Tuch auf
dem Kopf wirkt sie wie das Urbild einer alten, erdverbundenen
Indiofrau. Sie schirmt mit einer Hand die Sonne ab, blickt
zornig drein und wirft mit einem Mal die Leute hinaus, schickt
sie nach Hause, weil sie ihre Ruhe haben möchte.

Durch das Fensterchen, das an hölzernen Angeln hängt und
auf den Hof hinausgeht, dringt Ziegengemecker. Die Zicklein
hüpfen im milden Abendschein munter herum. Bei jedem
Sprung scheppern die Blechdöschen, die ihnen um den Hals gehängt wurden, um den Ozelot fern zu halten, der in den Bergen
haust, und von dem behauptet wird, dass er Zicklein reiße.

Antonio Napoleón Rodríguez

Das grüne Haus

Unter einem prächtigen Kujibaum mit windschiefer Krone, die an eine wilde, üppige Mähne erinnert, arbeitet Napoleón, der Schreiner: draußen, unter freiem Himmel.

Dieser Riesenkuji ist wohl 140 Jahre alt. Er stand schon ausgewachsen da, als ich noch ein kleiner Junge war. Nun, damals ... das war so ... mit dem Kuji ... mein Sohn wollte Abfall verbrennen und hat den Haufen angezündet. Da hat der Kuji Feuer gefangen. Wenn ich nicht dazugekommen wär ... der Kuji wär glatt verbrannt. Ich war da oben, hab Essen geholt. Als ich zurückkam, sah ich dieses Feuer, oh verdammt! Sofort legte ich ein Gegenfeuer, und so hab ich ihn gerettet.

Napoleóns Haar wirkt wie ein weißer Heiligenschein; Gestalt und Gang erinnern an einen Märchenzwerg, vielleicht auch an eine uralte, verzauberte Schildkröte. An seinem kleinen Finger steckt ein Nickelring mit einem roten, quadratischen Glasstein. Er geht langsam, wegen der Schmerzen in den Beinen. Gemächlich wie er geht und spricht, arbeitet er auch die verschiedenen Teile des Stuhls aus dem Kakteenholz heraus: Beine, Lehne, Sitz. Nun hobelt er das Holz. Die Späne fliegen in alle Richtungen, und die glänzend gelben Hügel, die überall am Boden zu sehen sind, werden immer höher. Die abendliche Luft ist erfüllt vom köstlichen Duft der feuchten Hobelspäne.

Ich hab schon als kleiner Junge den Schreinern in der Gegend zugeschaut und dabei gelernt. Ja, so war das. Sie haben Stühle gemacht. Kleine Jungen sind eben neugierig und gucken gern zu ... nun, ich stellte mich neben die Schreiner, passte auf und hab gelernt.

Noch bevor es dunkel wird, geht Napoleón zum Haus. Eine niedrige Mauer mit einem Brettertürchen. Wo keine Mauer steht, ist das Haus mit Brettern umzäunt und von allerhand Gerümpel umgeben: Zinkblechstücke, Plastikeimer, geplatzte Gummischläuche, Holzbohlen. Napoleón dreht mit zittriger Hand ein kleines Holzstück herum und öffnet die Brettertür zum winzigen, dicht begrünten Hinterhof.
Eine Fülle unterschiedlichster Pflanzen gedeiht hier; sie wachsen aus der Erde, in Plastiktöpfen und Gefäßen jeder Form und Art.

Dieses Haus hab ich selbst gebaut. Es steht seit 1983. 1980 hab ich mit dem Raum hier in der Mitte angefangen, danach diesen Durchgang gebaut, dann den anderen dort. Nach und nach hab ich es gebaut ... nicht auf einen Schlag. Mit dem Zuckerstückchen, wie man so sagt, hab ich begonnen, dann hab ich erst ein halbes Brot gebacken, schließlich ein ganzes. Ja und später hab ich dem ganzen noch ein halbes Brot hinzugefügt! Ein weiteres Zimmer, einfach so! Und dann hab ich noch die Küche ans Haus drangebaut. Ich ganz allein.

Innen ist das Haus grün ausgemalt, auffallend, intensiv, grün wie glänzendes Blattwerk, papageiengrün, dunkelgrün. Die Farbe hat nicht Napoleón ausgesucht, nein, die Frauen waren es! Auch die Küche ist grün, sogar die Holzpflöcke, an denen die Maismühle lehnt. Der Herd hat in einer kleinen, höhlenartigen Nische Platz gefunden. Das zylinderförmige Plastikgefäß mit frischem Wasser steht auf einem dreibeinigen, grün angestrichenen Gestell. Eine große schwarz-weiße Katze hockt auf einem Stuhl und putzt sich. Den Stuhl hat Napoleón, der Schreiner, selbst hergestellt, vor langer Zeit. Mit den Jahren ist die Farbe ein wenig verblichen.
Es muss eine Frau geben in diesem Haus, doch wo mag sie sein? Die Señora sei scheu, sagt Napoleón, sie sei wohl mit Nähen beschäftigt. Sie ist von hier, stammt aus demselben Ort wie Napoleón.

Oh ja, ich erinnere mich gut. Im Jahr 46 hab ich geheiratet, am 22. Juni.

Früher gingen sie oft zum Tanzen, jeden Samstag, zur Musik von Violinen und Mandoline. Auch zu Akkordeonmusik wurde getanzt, an den Feiertagen der Jungfrau Maria. Doch selbst das ist inzwischen nicht mehr üblich. Am 19. März, dem Tag des heiligen Joseph, des Schutzpatrons der Gegend, tanzte man ebenfalls und feierte dann noch tagelang.

Ich erinnere mich an alle Einzelheiten.

Gott sei Dank hab ich meinen Kopf noch beisammen. Das kommt vom Vino Cerebrino, der ist Medizin fürs Hirn. Man kauft den Wein und trinkt ihn regelmäßig. Dreimal täglich. Aloesirup dagegen ist gut bei Grippe.

In unserer Gegend findet man viele Kräuter, Heilkräuter. Der Anamú, aus dem man auch Besen bindet, der ist gut für den Magen. Die Encarrujá gedeiht zwar nicht mehr hier, aber drüben, wo der Berg gerodet ist, bei Santa Rita, ist sie noch zu finden. Die Encarrujá ist gut gegen Husten, also auch gut bei Grippe. Gegen jede Krankheit ist ein Kraut gewachsen, heißt es. Das wissen die Ärzte sehr wohl ... sie verschweigen es aber, weil es ihnen nicht in den Kram passt, jawohl! Klar: Welcher Kranke würde sich noch an sie wenden, woran würden sie verdienen?

Über dem Türsturz sticht ein Kreuz ins Auge: zwei Striche mit weißer Farbe. Auch dieser Raum ist grün gestrichen. Hier stehen zwei eiserne Bettgestelle und ein Schränkchen aus geflochtenen, aquamarinfarbenen Plastikstreifen. Die Bettüberwürfe sind aus bunten Flicken. An der Wand zur Rechten hängen eine Lumpenpuppe und ein paar kleine Filztiere. Auf dem Bügelbrett häufen sich Stoffteilchen in vielen Farben. Auch in der Küche sind solche Filzdekorationen zu sehen, offenbar Handarbeiten von Frauen.

Das Haus hier hab ich allein gebaut. Keinen Bolívar von der Regierung hab ich dafür genommen, nichts von der Verwandtschaft, nichts von den Kindern, von niemandem. Ich hab Stühle gemacht, verkauft und nach und nach das Baumaterial eingekauft.

Napoleón hat, bevor er anfing Stühle herzustellen, 27 Jahre lang in den Salzbergwerken geschuftet, bis er schließlich Probleme mit den Beinen bekam. Damals war Marcos Pérez Jiménez an der Regierung.

Als kleiner Junge hab ich mit anderen Kindern Ball gespielt, dann Handlangerarbeiten verrichtet und beim Entladen der Tankschiffe geholfen. So weit, so gut. Dann geht man in die Salzbergwerke. Schön, am Anfang merkt man nichts, doch dann wird man älter, und es stellen sich die Krämpfe ein. Das kommt erst mit der Zeit. Bei mir hat es sich bemerkbar gemacht – wann war das noch mal? – etwa mit Ende 20. Bei mir fing es im Jahr 70 an; da bekam ich Beschwerden. Im Jahr 1970.

Das vordere Zimmer dient als Lager für die Stühle. Eigentlich wäre dort der Haupteingang des Hauses, doch der wird praktisch nie benutzt. Alle kommen und gehen durch die rückwärtige Tür. Nun lagern in diesem stillen Raum all die Bänke, Stühle und Schaukelstühle aus Kakteenholz. Weil der natürliche Verlauf der Holzfasern ihre Formen bestimmt, wirken die Möbel lebendig. Schlicht und wüstenhaft karg, wie sie sind, fällt ihre sorgfältige, liebevolle Verarbeitung auf. In die Lehnen sind einfache Kreuze geschnitzt.

An den kahlen Wänden des Lagerraums flattern verschiedene Zettel mit Zahlenreihen und Bleistiftnotizen; es sind Napoleóns offene Rechnungen, die Abrechnungen seiner Maisverkäufe oder Arbeitsaufträge. An einem einsamen Nagel hängen eine Säge und ein Handbohrer.

Hier, in dem kleinen Teil des Hauses zwischen Wohnraum und Küche, direkt vor dem Eingangsraum, in dem die Kakteenholzstühle lagern, ist das Grün weiß übertüncht. Über dem Türsturz behaupten sich, deutlich sichtbar, noch ein paar dunkle Farbreste. Von der Decke hängt eine Waage. Es ist eine dieser Marktwaagen mit weißer Zahlenscheibe – wie ein riesiges Auge – über dem Punkt, an dem die drei dünnen Ketten zusammentreffen, welche die Metallschale halten. Ein patriotischer Kalender dominiert eine rissige Wand – das Geschenk irgendeiner Regierungsstelle, obwohl er mit regierungsfeindlichen Sprüchen überschrieben ist. Er wirkt wie ein Stück Niemandsland, dieser so weiße Ort im grünen Haus.

Dennoch befindet sich hier, in der verborgensten Ecke des Durchgangsbereichs, das eigentliche Zentrum des Hauses: ein Tischchen, niedrig wie ein Schemel, das als Hausaltar dient.

Dort flackert, geschützt von einer halbierten Konservenbüchse, die einst billigen Schinken enthielt, eine kleine Votivkerze. Die rissige Wand schmückt ein Bild vom Herz Jesu und das einer thronenden Christusfigur, zu deren Füßen die Gläubigen anbetend auf den Knien liegen. Daneben hängt noch ein Bild: die Jungfrau Maria mit Krone und Kind, auf einer Wolke sitzend, von Erzengeln flankiert, die nach unten auf einen Feuerkreis blicken, in dem sich eine Hand voll Sünder drängt. Auch eine nicht ausreichend betfreudige Betschwester ist dabei. Weitere Heiligenbilder in einfachen, schmalen Holzrahmen, bescheidenere, jedoch nicht weniger verehrte, ergänzen die Nische. Auch der Doktor ist dabei, mit Hut und Schnauzbart.

Das hier ist der wundertätige José Gregorio Hernández. Der hat gewaltige Wunder gewirkt, carajo! Bei Leuten, denen es sehr schlecht ging, die man bereits aufgegeben hatte. Auch ich hab dem Doktor José Gregorio Hernández Geld geopfert, für mich, wegen einer Beingeschichte. Ich hab dem Doktor José Gregorio Hernández versprochen, ihm eine Almosenmesse lesen zu lassen. Das heißt, im ganzen Freundeskreis Geld für die Messe zu sammeln. Das hab ich dann getan, und er hat mich gesund gemacht. Später hab ich mich mal verbrannt, da gab ich ihm wieder ein Versprechen, und auch das hab ich gehalten. Ja, er hat mich wieder gesund gemacht. An den Doktor José Gregorio Hernández glaub ich ganz fest. Ein Heiliger, jawohl ... große Wunder hat er gewirkt, viele große Wunder.

Napoleóns Stimme wird immer leiser, langsamer, ernster. Draußen ist das Licht dahingeschwunden wie seine Worte. Am Ende eines blanken Kabels scheint eine Glühbirne auf: Gott erleuchtet den Tag, der Mensch die Nacht. Das Haus atmet seinen grünen, plötzlich nächtlichen Atem. Das Kakteenholz der Stühle schimmert verhalten. Noch birgt es das Licht der Wüste, in der es einst als aufrechter Kaktus unter der glühenden Sonne stand. Draußen kämpft der Wind mit dem riesigen Kujibaum; seine wirren Äste gleichen schwarzen Flammen.

Rigdalis Vergel

Zwischen Wohnhaus und Spielhütte

Rigdalis ist eine Urenkelin der ersten Siedler von Cherequeime. Sie liegt bäuchlings auf dem Bett ihrer Eltern, ein Schulheft vor sich aufgeschlagen und liest laut, langsam und sehr aufmerksam vor: 24. Juni, Nationalfeiertag, Schlacht von Carabobo. An der Wand hinter dem Bett stehen unbeweglich und stumm in ihren Plastikverpackungen und Schachteln nebeneinander aufgereiht: Monique, Christine, Sally Precious Style, Emily, Jennifer und alle anderen.

Am kostbarsten sind die Puppen mit Accessoires: Ersatzzopf, Schuhe mit Pfennigabsätzen, rosarote Taschen, Perücken und Haarbürsten. Rigdalis darf aber nicht mit den Puppen spielen. Ihre Mama erlaubt es nicht, weil sie sonst kaputtgehen.

In einer Ecke des Zimmers hocken mehrere abgeliebte Teddy-bären und beobachten aus blinden Augen die auf dem breiten Bett hingestreckte Rigdalis beim Versuch, sich die Namen der Nationalhelden aus den Befreiungskriegen einzuprägen.

Rigdalis ist wortkarg und schüchtern, aber wenn sie lächelt, leuchten ihre Augen wie die glänzenden schwarzen Kerne der Paraparafrucht. Während ihre Gedanken vom aufgeschlagenen Heft abschweifen, wird eine Pappschachtel, die auf einem Tisch-chen steht, plötzlich lebendig. Vier Taubenschnäbel recken sich über den Rand und protestieren lautstark. Rigdalis holt ein Täubchen nach dem anderen am Kropf heraus, um es mit einem Löffelchen zu füttern. Sie bekommen mit Wasser ver-mischten Mais, den Rigdalis selbst gemahlen hat.

Das große Bett steht im Schlafzimmer der Eltern Richard und Reina. Die Kinder schlafen im Raum davor. Tagsüber, bei hoch-gebundenen Hängematten, wird dieser Raum zum Fernseh- und Hausaufgabenzimmer. An einer besonders gut sichtbaren Stelle im Wohnzimmer liegt Rigdalis' Steinesammlung: vom Blitz gezeichnete Steine, Fossilien, ein Stein mit einem großen Loch in der Mitte und einer, der aussieht wie ein Elefant. Weil solche Steine für viele Leute hier nichts Besonderes sind, wer-den sie Besuchern geschenkt, die oft ganz wild danach sind.

Dieses Haus gehört der Familie mit den fünf R: Richard, Reina, Rigdalis, René und Robert. Die Küche besteht aus zwei kleinen, außen angefügten Räumen mit einer türlosen Trennmauer. Auf dem Dach sonnen sich, reglos wie Steine, graue Leguane. Es sind an die 15 kleine Dinosaurier mit grimmigem Blick und hochgestellten Kämmen. Reina, die Mutter mit dem bezau-bernden Lächeln und den auffallend zarten, feingliedrigen Händen, trägt weder Ohrringe noch Halsketten noch schminkt sie sich. Wenn Reina den Leguanen Kochbananenschalen hin-legt, stieben sie auseinander und stürzen sich auf die Abfälle.

In der Umgebung des Wohnhauses gibt es einen Wald aus trockenen Distelkakteen, in dem sich massenhaft Reptilien verbergen. Dahinter, auf der windabgewandten Seite, befindet sich die Urupaguahütte der Mädchen, ihr von einem unregelmäßigen, niedrigen Zaun aus stachelbewehrten Zweigen geschützter Spielplatz.

Meine Tante Leanni hat diese Hütte gebaut, vor etwa drei Jahren. Jetzt ist sie in der achten Klasse, in La Cruz de Taratara. Sie ist 15, fünf Jahre älter als ich. Von Montag bis Freitag ist sie in der Schule und wohnt bei einer Familie, die mit Mama befreundet ist. Wir hier fahren mit dem Fahrrad nach Santa Inés zur Schule. Leanni hat die stacheligen Äste vom Urupagua für die Hütte verwendet, damit die Ziegen nicht reinkommen, und sie nach und nach vergrößert. Sie hat mir die Hütte anvertraut. Ich kümmere mich gut darum, weil ich Tante Leanni so gern mag. Wir kehren die Hütte gründlich, damit sie schön sauber bleibt.

Als Türen der Spielhütte dienen alte, aus dem Leim gegangene Stuhllehnen, die noch Spuren ihrer Farbanstriche bewahrt haben. Auf einem Tischchen liegt das schnurlose Telefon: drei Holzklötzchen und eine Antenne. Übereinander gestapelte Kunststoffziegel stellen den Fernsehapparat dar. Die eisernen Skelette ausgedienter Sessel sind die Sitzgelegenheiten. Hier darf Besuch Platz nehmen und bekommt imaginären Kaffee serviert. Der Tisch ist mit einer angeschlagenen Vase dekoriert, in der ein paar Plastikblumen stecken. Es gibt sogar ein Weihnachtsbäumchen, geschmückt von einem zerrissenen Kabel mit bunten Glöckchen und blauen Lämpchen. Im Wohnzimmer steht die Frisierkommode: eine Kiste mit Spiegel und Kamm sowie verschiedene, aus dem Abfall gerettete Kosmetikfläschchen. In der Küche stellen weitere Kunststoffziegel Herd, Schrank, Tellergestell und Backtrog dar.

Die Spielhütte der Kinder ist fast größer als das Haus, in dem sie wohnen – ein fantastisches Durcheinander aus Strandgut der Wüste und nackten, arm- oder beinamputierten Puppen hinter schützendem Dorngestrüpp, in dem bunte Plastikrosen stecken und sich ausgebleichte Stofffetzen verheddert haben, die im Wind flattern.

Aquilino Castillo
Das Tal der Vergessenen

Hier in La Hundición, wo keine Häuser mehr stehen, wo der Lastwagen mit dem Wassertank nicht mehr hinkommt, wo die Welt aufhört, lebt der Töpfer Castillo, Aquilino für seine Freunde, der Sohn von María Antonia, die ebenfalls Töpferin war.

La Hundición liegt in einem Tal, das nicht wie die anderen Täler lang gestreckt ist. Es wirkt vielmehr rund wie eine Grube, so als wäre eine Hochebene an dieser Stelle kreisförmig eingesunken.

La Hundición geht auf eine Legende zurück. Es heißt, dass es verboten war, in der Karwoche Feste zu feiern. An einem Karfreitag sei eine alte Frau ins Dorf gekommen, als im großen Festsaal eine Tanzveranstaltung stattfand. Die Alte bat um einen Schluck Wasser, doch niemand hörte auf sie. Schließlich kam eine Frau der Bitte nach und reichte ihr ein Glas Wasser. Da wurde sie von der Alten gewarnt: »Lauf weg, es gibt einen Erdrutsch!« Die Frau kam als einzige Person mit dem Leben davon.

Die Erde brach ein, von einem Tag auf den anderen, durch einen Fluch. Plötzlich war die Senke da, La Hundición eben. Hier lebt Aquilino Castillo, in einem Häuschen mit Balkon davor und einer Überdachung für den altersschwachen Jeep. Die elende Hütte neben dem Haus, aus der feiner Rauch aufsteigt, ist die Küche. Sofern das Regenwasser nicht ausreicht, wird Wasser aus einem tiefen Graben geholt, weil die Rohrleitung nicht bis hierher vordringt.

Die Wände der Küche bestehen aus Lehm, der, um ihn zu strecken, mit Steinchen vermischt wurde. Diese ragen an der windzugewandten Seite als kleine Erhebungen hervor. Innen ist die Küche düster, total verrußt, voller Asche und Staub. Draußen brennt die Sonne gnadenlos, und die Sicht ist klar bis zu den blauen Bergen jenseits des Tals. Der leichte Wind trägt einen wunderbar süßlichen Duft von Heilkräutern und Blumen herbei. Auf der mehr oder weniger festgetretenen Erde des Vorplatzes sind in großem Kreis, mit den Stielen nach innen, Bündel von frischem Oregano ausgelegt. Es ist der beste Oregano der Welt. Das wissen auch die träge in der duft- und hitzeschweren Luft taumelnden Bienen.

In der dunklen Öffnung der Küchentür taucht ein maskenhaft starres Gesicht auf. Die tief liegenden, schwarzen Augen blicken finster, auch das zerzauste Haar unter der Männermütze ist schwarz. Eine junge Frau, ohne Zweifel, weil im Ausschnitt ihres kurzen Hemdes, das sie mit kleinen Händen zu schließen versucht, der Brustansatz zu sehen ist. Das bleiche Gesicht der jungen Frau ist nicht Ausdruck enttäuschter Hoffnungen. Es zeigt vielmehr, dass es Hoffnung nie gekannt hat.

Ein kleiner Junge späht durch die Tür und rennt los, lebhaft und frei wie ein kleiner Faun. Er ist nackt unter dem zu langen Hemdchen, das sich über seinem Bauch spannt. Wenn er lächelt, zeigt er einen Mund voll spitzer Zähne. Mutter und Kinder sind über und über schwarz vor Ruß: ihre Kleidung, die Haut, einfach alles.

Sie hat vier Kinder. Diese beiden und zwei weitere, die bei der Großmutter leben. Carmen Alicia heißt sie, ist 24 Jahre alt, sieht aber wesentlich jünger aus. Eines Tages konnte sie nicht mehr sprechen, und die Leute sagten von ihr, sie sei nicht ganz richtig im Kopf. Deshalb wurde sie vier Monate in Barquisimeto im Krankenhaus behandelt. Von dort ging sie zu Fuß nach Hause, als Aquilino mit seinem klapprigen Jeep vorbeikam, ihr anbot, einzusteigen und sie dann auf ein Bier einlud. Anschließend nahm er sie zu sich. Carmen ist seine zweite Frau.

Aquilino ist nicht da. Er ist in der Schlucht.

Aquilino ist nicht zu Hause, aber seine Frau wartet auf ihn. Ein Kind hängt an ihrer Brust, das andere hüpft übermütig herum und kugelt sich auf der Erde wie ein ungestümes Tierchen. Die kindlich wirkende Mutter mit den schreckhaft aufgerissenen Rehaugen bricht Äste fürs Feuer. Vor dem Haus pickt ein Huhn neugierig an einer rostigen Büchse herum, findet nichts Interessantes und läuft davon. Eine Katze hat sich auf der Kühlerhaube des altersschwachen Jeeps ausgestreckt. Drei Ziegen trotten herbei. Erwartungsvolle Stille erfüllt die Luft. Nur eine Fliege summt.

Reinaldo, ein Mann mit schlichtem Gemüt, kommt lächelnd den Hügel herauf, um seine Tonfiguren zu zeigen, die Tierchen und den kleinen Bauernhof. Die kleinen Wesen mit den aufgerissenen Mäulern sind Kaimane, wie er erklärt. Reinaldo führt seine Sachen mit einer Mischung aus Unbeholfenheit, Stolz und verschämter Zurückhaltung vor. Das Sprechen fällt ihm schwer, als fehle es ihm an Übung, als koste er vorsichtig den unbekannten Geschmack der Worte. Reinaldo ist einer der Söhne von Jorge, Aquilinos Bruder. Die Familie wohnt in einem Haus weiter unten, wo Reinaldo verschiedene leere Saftkartons ausgeschnitten, gefaltet und in einen Baum gehängt hat. Sie drehen sich wie verrückt gewordene Lampions im

Wind, der über das unendlich trockene Land fegt. Dort ist María Antonia gestorben, die bereits erblindete Großmutter, mit Ton an den Händen, als sie eben einen Krug formte, ihren tausendsten Krug.

Jetzt schleppt Jorge einen großen Jutebeutel mit frisch geschnittenem Oregano herbei. Er leert den Beutel aus und legt die Zweige zum Trocknen in den großen Kreis. Jorge und Aquilino sind zwei der fünf übrig gebliebenen Brüder, von insgesamt neunen.

Wir sind alle hier geboren und aufgewachsen. Die Vorfahren meiner Großmutter waren auch Töpfer.

Vier der neun Brüder sind tragisch ums Leben gekommen, durch Wahnsinn, plötzlichen Tod, eine Gewalttat und einen Racheakt. Doch darüber wird nicht gesprochen. Eine Ziege, die Jorge selbst aufgezogen hat, und die deshalb auf ihn fixiert ist, trottet meckernd hinter ihm her. Für ein Kilo Oregano bekommen sie 450 Bolívar, nur 450. Obwohl der Oregano wahrhaftig nicht gut bezahlt wird, sind doch alle damit zufrieden. Zufrieden im Sinne von Anspruchslosigkeit. Sie scheinen sich freiwillig wieder auf ihre Ursprünge und die Arbeit der verstorbenen María Antonia besonnen zu haben. Offenbar haben sie die Welt vergessen und der Welt gestattet, sie zu vergessen.

Jorge hebt den Blick, weil sehr hoch oben ein Flugzeug donnernd den weiten Himmel kreuzt.

Da, ein Flugzeug. Wer weiß, wohin es fliegt!

Aquilino war ein wenig Tonerde holen, unten in der Schlucht. Er kennt sich aus und weiß, wo der beste Ton zu finden ist. Nun kommt er zurück – offenes Hemd, Machete über der Schulter, schwarze Gummistiefel – begleitet von einer kurzhaarigen Hündin. Seine Bewegungen sind gemessen, sein Blick ist klug und leicht ironisch. Er wirkt verschlossen, fast entrückt, als habe er nichts mehr zu verlieren auf dieser Welt. Seine Nase ist klein, krumm und schief, im Gegensatz zur großen, gebogenen Nase seines Bruders Jorge. Früher hatte er eine andere Frau, eine andere Arbeit, ein anderes Haus, Kinder. Früher hatte er ein anderes Leben und gesunde, kräftige Hände. Die

Jahre lasten auf ihm wie fest verbackene Ascheschichten, die vielen in Einsamkeit und Trauer, Wut und Resignation verbrachten Jahre. Von seinem anderen, seinem verlorenen Leben spricht er nie.

Seit er da ist, schweigen die anderen. Es gilt wohl die stille Übereinkunft, ihm respektvoll das Wort zu überlassen. Aquilino spricht wenig, aber wenn, dann mit sanfter Stimme. Er drückt sich gewählter aus als die anderen, als habe er mehr von der Welt gesehen und mit mehr Menschen geredet, als habe er früher schon einmal gelebt, vor Jahrhunderten, in einer großen Stadt, nicht nur in diesem entvölkerten Tal, auf dem ein Fluch lastet. Das Leben hat diesem stolzen Mann, dem ältesten und begabtesten der Brüder, der jetzt wunderschöne Gefäße formt und mit zarten Mustern schmückt, offenbar einen gewaltigen Schlag versetzt.

Aquilino geht in ein dunkles Zimmer, um etwas zu suchen, kommt wieder heraus und zieht die Tür sorgfältig hinter sich zu. Nun holt er seine Töpferwaren aus den Schachteln, wickelt sie aus dem Zeitungspapier und zeigt sie. Aquilinos Hände sind rau und steif. Seine wie mit einer Eidechsenhaut überzogenen, angeschwollenen, rissigen Finger erinnern an Äste oder Wurzelstücke. Dennoch schaffen diese Hände unglaublich feine Arbeiten, dünnwandige Krüge mit glockenreinem Klang und schlichten, eleganten, weißen Verzierungen in vielen Variationen.

Es gibt drei Arten Tonerde: gelbe, rötliche und weiße. Aquilino arbeitet mit gelbem Ton und Regenwasser oder Wasser aus der Schlucht. Manchmal trägt er bis zu 30 Kilo auf dem Rücken aus der Schlucht nach oben. Zwei Maß Tonerde dürfen eine Portion zerkleinerte Scherben oder Ziegel beigegeben werden. Der Ton wird auf einem Brett geknetet und sorgfältig vermischt. Ein Tonkrug muss langsam, nach und nach aufgebaut werden und zwischendurch ein wenig trocknen, weil sonst die Unterseite abbricht. So wächst das Gefäß in die Höhe, bis es fertig ist. Nach dem Trocknen wird rötliche Tonerde mit Wasser vermischt und der Krug hineingetaucht. Ist diese Schicht trocken, wird sie mit einem Steinchen oder mit Johannisbrotsamen geglättet. Zum Schluss werden mit weißem Ton die Zeichnungen aufgebracht.

Ein gutes Stück vom Haus entfernt, zwischen von Stechmücken verseuchtem Gestrüpp, steht ein Brennofen, aus dem Funken

stieben. Darin hat bereits Aquilinos Mutter ihre Krüge gebrannt. Die Glut zum Anfeuern stammt vom häuslichen Herd.

Der Brand darf nur bei abnehmendem Mond
stattfinden. Wer bei zunehmendem Mond brennt,
soll es am Freitag tun.

Aquilino setzt sich unter das schmale Dach des Balkons. Es
weht ein heftiger Wind, und über den Bergen haben sich graue
Wolkenberge aufgetürmt. Er spuckt große, vom Kautabak braun
gefärbte Speichelmengen aus und erzählt von den Kobolden.

Ich hab die Kobolde zwar nicht gesehen, gehört
aber schon. Ihre Spuren sind so klein wie Kin-
derfüße. Die so genannten kleinen Herren bringen die Menschen um den Verstand. In allen
Schluchten hier, in allen tiefen Gräben hausen

solche Wesen. So gut wie niemand bekommt sie zu Gesicht. Man sieht nur ihre Fußspuren und hört ihre Geräusche. Einmal bin ich mit meinem Stiefvater in der Schlucht gewesen, am späten Abend, hab Wasser und Steine auf die Karre geladen, da sah ich einen Schatten vorbeihuschen. Ich hab mir mit den Händen die Ohren zugehalten und die Augen geschlossen, trotzdem hab ich sie gehört. Sie schleudern Blitze von den Felsen und lösen Funkenregen aus. Manchen Menschen zeigen sie sich, aber ich habe noch keinen Kobold gesehen.

Aquilino steckt die Hände tief in die Tonerde, die sich willig formen lässt. Es scheint, als trete er das Erbe seiner Mutter an, als verzichte er auf sein eigenes Leben und den persönlichen Weg, als lösche er sein individuelles Wesen aus.

Eudocia Álvarez und Luisa Campo

Das Brot der Wüste

Cherequeime liegt auf einem Hügel, am Ende der Straße, am Ende der Welt. Ein Weiler mit weniger Häusern als Familien um einen kahlen Platz herum, auf dem ein Bäumchen steht, das einmal fast 25 Leguane besetzt hatten. Außerdem gibt es in Cherequeime eine Kapelle, in die sich alle Zicklein flüchten, sobald der erste Regentropfen fällt.

Die Umgebung des kleinen Ortes gleicht einem weitläufigen Müllplatz. Schreinereiabfälle liegen herum, die Spuren von Patronatsfesten, auch verformte Stücke eines Ziegenfells, in die sich manchmal plötzlich ein Hund wütend verbeißt. Kakteenholzsplitter. Kronkorken. Zerbrochene Flaschen. Dazwischen ein Weg, der durch niederes Gebüsch zum Destillierkolben führt. In diesem Versteck hat Roberto, der Patriarch, seine Kinder in die Kunst des Schnapsbrennens eingeführt. Hier, bei schier unerträglicher Hitze, verwandeln sich Agavenherzen in Alkohol.

Vom Fluss ist nur noch ein dünnes Rinnsal übrig geblieben. Es reicht eben aus, sich die Füße zu waschen, lustig von einem Bein auf das andere hüpfend, weil kleine Fische an den Zehen knabbern. Bei Hochwasser allerdings wird der Fluss gefährlich, dann ist Vorsicht geboten. Die Strömung hat schon Autos mitgerissen, samt der auf ihren Dächern festgeklammerten Menschen. Am Ufer des heute so harmlosen Flusses wachsen Lianen, die Roberto für seine Stühle verwendet. Die fertigen Stühle stapeln sich am Tanzplatz, auch die mit Ziegenfell bespannten Tischchen, denen Trommeltöne zu entlocken sind. Unter dem Dach dieses quadratischen Platzes mit dem glatten Zementboden versammeln sich die jungen Männer der landwirtschaftlichen Kooperative zum Dominospielen. Falls Besuch über Nacht bleibt, können hier auch ein paar leichte Hängematten aufgespannt werden.

Es war eine unruhige Nacht, weil heftige Windstöße lautstark an den Blechdächern gerüttelt haben. Eiseskälte und um Mitternacht ein Vogelschrei: die Eule. Es heißt, dass ihr Schrei einen Todesfall oder Regen ankündigt. Als dann der Himmel aufklarte, schien das Mondlicht so hell durch die Ritzen des Blechdachs, dass es Schatten warf und den Zementboden mit verschwommenen, bleichen Flecken übersäte.

Seit den frühen Morgenstunden ist das Trippeln und Kratzen von Krallen auf dem Metalldach zu hören: Es sind keine Ratten, sondern Tauben. Schon streifen die ersten Sonnenstrahlen die Lehmwände und Regenwasserrinnen. Um diese Zeit fangen auch die Vögel an zu lärmen. Die hübschen, überaus nervösen, feuerroten Wesen – Sangre de Toro genannt – fliegen vom Stacheldraht hoch auf einen kleinen Ast. Langsam werden die Dorfbewohner munter, strecken die Glieder und widmen sich ihren Morgenritualen. Ein Mann tritt vor die Tür und wäscht sich das Gesicht mit dem Wasser, das der Tankwagen alle acht Tage in die Fässer füllt. Ein paar Trupiale flattern unruhig umher, weil sie erwarten, mit etwas Maisteig gefüttert zu werden. Ein Truthahn gurrt von einem Baum herunter. Dort kommt eine Frau mit einem Arm voll Reisig für den Herd übers offene Feld. Eudocia ist es, die Frau von Roberto. In der Küche hält Luisa, ihre Schwiegertochter, Pablos Frau, bereits den süßen Kaffee mit Zimt bereit.

Für den Kaffee nehme ich dieses spezielle Töpfchen, fülle es mit Wasser, gebe ein wenig Zucker dazu und zwei Maß Kaffeepulver. Dann stelle ich es aufs Feuer. Wenn ich Zimt im Haus habe, tu ich noch Zimt hinein. Nur eine Prise. Weil mein Mann Bluthochdruck hat, nehme ich inzwischen nur ganz wenig. Ja, so geht das ... Ich stelle den Topf aufs Feuer, lege den Deckel drauf und lasse den Kaffee köcheln, ein halbes Stündchen nur, auf kleinem Feuer. Dann lege ich Holz nach. Früher hat es länger gedauert, weil ich einen anderen Topf benutzt habe. So wird Kaffee gekocht.

Es ist finster in der winzigen Küche. Die Decke aus Zinkblech ist tiefschwarz verfärbt und von einer dicken, samtartigen Rußschicht überzogen. Sämtliche Blechgefäße, Kochtöpfe und Löffel hängen an Nägeln, die in den Ritzen zwischen den Kakteenholzbrettern der einen Wand stecken. Alle anderen Küchenutensilien stapeln sich auf dem Geschirrbord oder liegen einfach herum. Im Halbdunkel glüht ein seltsamer roter Fleck. Es ist der abgezogene Schädel eines Zickleins.
Auf zwei Gabelstützen steht ein gewaltiger Steintrog. Die Mörser zum Zerstampfen der Körner stehen auf einem aschgrauen Bänkchen daneben.
Luisa bearbeitet den hellen Maisteig. Sie beugt sich über den Steintrog und knetet unter Einsatz des ganzen Körpers. Nun hebt sie die riesige Teigkugel hoch, presst sie flach in die Vertiefung des Trogs und drückt sie zusammen; ihre Hände schlagen auf den Teig ein und erzeugen schmatzende Geräusche. Schon ist der Teig fertig und kann zu runden Maiskuchen geformt werden. Arepa aus feinem Maismehl ist das Brot dieser Wüste.

Man gießt ein wenig Wasser in ein Töpfchen und gibt den Kalk dazu. Als ich klein war, wurde er selbst hergestellt, in einem Feuer aus Ästen vom Yababaum und anderem grünen Holz. Aus der Asche wird Kalk gemacht. Dann wird ein blauer Stein hineingeworfen, jawohl, ein so genannter Bäckerstein. Es entsteht feiner, weißer Kalk. Hier wird es inzwischen nicht mehr so gemacht. Woanders schon, hab ich gehört. Aber wir kaufen den Kalk.

Eudocia, die Frau des Patriarchen, ist klein, mager, sehr ernst, voll stummer Energie und immer beschäftigt. Ihr Körper ist verkrümmt wie ein Ast, die Haut der dünnen Arme ganz trocken. Sie trägt ein dunkles, im Nacken geknotetes Kopftuch. Eudocia erzählt ruhig und gelassen, mit weicher Aussprache:

Tja, wo kamen diese Steine her? Ich weiß nicht, wie das früher war.

Auch Luisa, ihre Schwiegertochter, ist eher dürr, allerdings deutlich lebhafter, gesprächiger und unruhiger. Luisas tief liegende Augen funkeln vergnügt, während sie den im Kalkwasser gekochten Mais wäscht, den Kaffee vom Feuer nimmt und Eudocias Ausführungen unterbricht:

Bäckersteine gibt es schon sehr lange; ich weiß nicht, woher sie stammen. Als ich hierher gekommen bin, gab es sie bereits.

Dieser Steintrog ist uralt! Als ich klein war, als junge Frau besser gesagt, hab ich viel mit dem Mörser gearbeitet. Wir haben den Mais mit dem Steinmörser zerkleinert, weil wir keine Mühle hatten. Als ich nach meiner Heirat in dieses Dorf gezogen bin, gab es hier bereits eine Mühle. Es wurde nicht mit dem Mörser gearbeitet, sondern mit der Mühle. Aber früher, als ich jung war, hab ich den Mais im Mörser zerstoßen, und zwar in großen Mengen. Heute tun mir schnell die Arme

weh. Ich hab das schon lang nicht mehr gemacht.
... Also woher die Bäckersteine kommen, weiß ich
wirklich nicht.

Die beiden Frauen wechseln sich in festgelegter Reihenfolge
an der Mühle ab. Die eine mahlt am Morgen, die andere am
Abend. Eine knetet den Teig, die zweite formt die Arepas, die
andere legt sie in die Glut. Wie sie die tägliche Hausarbeit
Hand in Hand verrichten, so verflechten sich auch ihre Gesprä-
che und Erklärungen:

Woanders sind die Tröge tiefer. Der Stein wird
behauen, damit er tiefer wird. Manche benutzen
tiefere Tröge.

Vielleicht waren sie vorher auch flacher, sind
dann aber durch den Gebrauch tiefer geworden ...

Früher, als es noch keine Mühlen gab, wurden die
Körner im Mörser zerkleinert. Die Maschinen
kamen später.

Ich glaube, es waren Steine aus dem Fluss ...

Gut möglich. Heute findet man Steintröge an den
Stellen, wo früher Häuser gestanden haben ...

Ja, viele Familien sind weggegangen und haben
ihre Steine in den alten Häusern zurückgelassen.
Inzwischen sind sie aber selten geworden ...

Stimmt. Weil ... Fremde sie gesucht und mitgenommen haben. Oder auch gekauft.

Jawohl, gekauft. Es gibt aber noch immer welche.

Im Dampf, der vom Herd aufsteigt und über Pfannen, Töpfen und
Kasserollen wabert, bündelt sich das von draußen einfallende
Licht. Zwei Hündchen fressen die ihnen hingeworfenen Are-
pabrocken vom steinharten Lehmboden und weichen dabei

geschickt den harten, trockenen Beinen der Frauen aus. Inzwischen ist es heiß geworden. Roberto taucht auf, im himmelblauen Hemd. Er setzt sich direkt vor der Küche im kleinen quadratischen Flur nieder und lehnt den Rücken an die Wand, dankbar für den kühlen Schatten und das Lüftchen, das durch die Ritzen zwischen den Kakteenholzbrettern dringt. Während er auf sein nach Zimt duftendes Tässchen Kaffee wartet, wandern seine Gedanken zu den Sternen, die er gestern Abend beobachtet hat, die langsam am Himmel auftauchten und, als der Mond aufging, wieder verschwanden. Denn während die Familie für die Acht-Uhr-Nachrichten vor dem Fernsehapparat versammelt war, hatte er sich draußen auf dem Vorplatz auf ein paar leere Säcke gelegt, um den Abendhimmel zu betrachten und den Gang der nächtlichen Gestirne zu verfolgen.

Eine Ziege schiebt den Kopf durch die angelehnte Tür, um sich zwischen den Hörnern kraulen zu lassen. Sie schließt die Augen und genießt die raue Zärtlichkeit. Roberto bekommt seinen Kaffee und schlürft ihn ruhig, ohne sich an den Pünktchen zu stören, die auf der dunklen Oberfläche schwimmen – bestimmt sind es diese winzigen Ameisen, die sich so gern im Zucker aufhalten. Auch die riesigen Hornissen, die gemächlich und ganz friedlich umherfliegen, beachtet er nicht. Roberto Álvarez, der Patriarch und Schreinermeister von Cherequeime, das Oberhaupt dieser Hand voll Häuser, sitzt mit dem Zinnschälchen in der Hand da und genießt die Ruhe. Sein breites, braun gebranntes Gesicht ist zerfurcht, aber auch voller Lachfältchen. Es strahlt Reife und tiefe Zufriedenheit aus.

Im Dunkel der Küche sprühen Funken aus dem offenen Herd und bilden kleine Feuerwirbel. Die Frauen wundern sich darüber:

Das ist ein Zeichen, eine Nachricht.

Wenn die Glut anfängt zu sprechen, kommt Besuch von weit her. Die Glut kündigt Besuch an.

Oder, dass das Zwergenvolk tanzt und im Innenhof herumhüpft.

Es kommt jemand. Wer mag es sein?

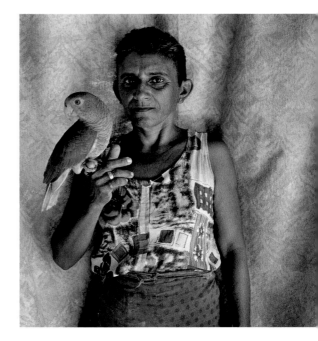

Diego Crespo

Was die Steine erzählen

Er geht mit vorsichtigen Schritten über die weite Fläche. Sie ist von glatten Steinen bedeckt, die aussehen wie unregelmäßig geformte Eier. Der Mann weiß, dass dieses Flussbett einst voll Wasser war und der Fluss die Steine geformt hat, wie Bonbons im Mund rund gelutscht werden. Er balanciert geschickt über die Erhebungen. Seine Füße stecken in leichten Strohschuhen, den Kopf schützt ein Hut. Die Sonne brennt so unbarmherzig vom Himmel, dass die Steine vor Hitze vibrieren.

Diego kennt und liebt die Steine seit vielen Jahren. Früher, als er mit dem französischen Geologen unterwegs war, kam er Tag für Tag mit einem Koffer voller Steine nach Hause. Damals konnte er schwer tragen, ohne zu ermüden.

Diegos Miene bleibt unbewegt, als er sich nach dem ersten Fund bückt. Seine Finger streicheln die runde Form, die raue Oberfläche, ertasten die Unebenheiten, die Beschaffenheit, Einschlüsse und angedeuteten Zeichnungen. Er wiegt den Stein in der Hand, verbindet sich mit seiner Schwere und birgt ihn sicher in seiner Hosentasche. Er setzt den Weg fort und entdeckt einen Stein nach dem anderen. Es gibt große, grellrote, mit goldgelben Streifen durchwirkte Steine, andere sehen aus wie Eier mit aufgesprungener Schale. Die kleinen runden Steine eignen sich hervorragend für die Steinschleuder. Trotz seiner 78 Jahre trifft Diego Schlangen immer noch genau am Kopf. Beim Gedanken daran verziehen sich seine Mundwinkel unwillkürlich zu einem Lächeln, so stolz ist er auf seine ruhige, sichere Hand.

Mit reicher Beute in den übervollen Taschen kehrt er durchs trockene Flussbett wieder nach Hause zurück. María ist längst nicht mehr hier. Diego betritt den Balkon mit dem blanken Zementboden und den langen, kahlen Lehmwänden, die den gleichen Farbton haben wie seine Haut.

Diego greift in die Taschen und holt nacheinander seine Schätze heraus. Manche Steine verbleiben im Dämmer seines kleinen, schmucklosen Zimmers, andere, besonders solche mit einem hübschen Loch, werden aufgefädelt und draußen in die Äste gehängt oder auf die Spitzen des Zaunes gesteckt, wo sie auf bewundernde Blicke zu warten scheinen. Diesen Stein dagegen, der direkt über dem Türrahmen hängt, beachten nur wenige Leute: länglich, mit einer Verengung in der Mitte, wie eine liegende Acht.

Er spricht nie über die Steine, die er hier und dort ablegt, an unerwarteten Orten stapelt, oder in der Nähe seines Hauses, in freier Natur, anbringt. Warum er das tut, bleibt sein Geheimnis und das der Steine.

Diego hat die Sammlung nicht allein zusammengetragen. Manche seiner 13 Kinder haben diese Leidenschaft geerbt und fortgeführt: Segundo, Cruz und Andrés Ernesto, der Maler geworden ist.

Sie haben eigene Kuriositätensammlungen. Cruz erzählt, dass er die Steine oft betrachtet und versucht, Formen darin zu erkennen. An einem Draht an der Wand hängt ein herzförmiger Stein, auf dem Mauervorsprung über den Hängematten liegt einer, der einen weißen Schriftzug zu tragen scheint. Ein weißer, rundlicher Stein erinnert entfernt an einen weiblichen Oberkörper, weil die typischen Merkmale mit Bleistiftstrichen hervorgehoben wurden. So gibt es wenigstens eine Frau im Haus.

Diego streift das weiße Hemd mit den langen Ärmeln über, knöpft es sorgfältig zu und schlüpft in die Strohschuhe. Nun greift er nach dem Hut mit der breiten Krempe und nimmt seinen guten Stock zur Hand, den aus Schwarzdornholz. In stolzer Haltung und sonntäglich gekleidet, geht Diego seine Frau María besuchen, wie jeden Nachmittag.

Er wirft keinen Blick in die Küche mit den verfärbten Wänden. Cruz ist nicht da, und der Herd ist kalt. Er ist das elfte Kind. Cruz kümmert sich um seinen Vater und kocht für ihn, weil man bis zu ihrem Ende für die Alten sorgen muss. Der Sohn weiß sehr wohl:

Ohne Frau geht es nicht. Jetzt bin ich in der Pflicht.

Diego achtet auch nicht auf den weitläufigen, umzäunten Hof, in dem es so viel zu tun gäbe. Am Rand des Grundstücks steht die mit Brettern und Latten überdachte Werkstatt, in der noch immer Naturfaserbesen geflochten und Fässchen zum Lagern von Agavenschnaps hergestellt werden.

Wir Handwerker müssen in einer ruhigen Umgebung leben und arbeiten, sonst kommt nichts Rechtes zustande.

Diego lässt die Werkstatt links liegen, denn er weiß, dass alles an seinem Platz ist. Er öffnet das Gatter und tritt hinaus, ohne das halb vertrocknete, nur aus ein paar Ästen bestehende Bäumchen zu beachten. Eine Liane schlingt sich um den einen Ast, vom anderen baumelt ein Stoffstreifen, an dem ein Stein mit einem Loch hängt.

Er geht zum Weiler Caritá, vorbei an der Kirche, die einmal einen sehr jungen italienischen Geistlichen hatte, den sein Orden schließlich abberufen hat. Dann kam der Bischof, um die Gemeinde zu informieren, dass er einen anderen Pfarrer schicken würde, worauf Diego im ganzen Dorf Unterschriften sammelte, weil sie den jungen behalten wollten. Vor der Kirche liegt die Plaza Serapio de Jesús Crespo, rundum eingezäunt und leer wie immer, abgesehen von einem verwaisten, traurig blökenden Zicklein.

Diego ist im Haus seiner Tochter angelangt, wo er wie jeden Nachmittag sehnsüchtig erwartet wird. Maria, im geblümten Hauskleid, mit grauen, dünnen Zöpfen, klatscht in die Hände, als seine aufrechte Gestalt endlich auftaucht. Diego geht gelassenen Schrittes auf sie zu und ergreift ihre weiche, magere Hand. María, glücklich über das Wiedersehen, schließt die tränennassen Augen und küsst seine trockene, knotige Hand.

Ay, ay, ay!

Seine María. Wie heiter sie war, früher, wie eifrig sie die Gäste bewirtete, als sie noch gesund war, wie voller Leben das Haus war. Jetzt steht ihr nur noch ein einziger Laut zur Verfügung, um Überraschung, Klage, Freude und Verzweiflung auszudrücken: Ay, ay, ay!

Weil María keine Worte mehr hat, legt sie all ihre Gefühle in ihren Blick, in ihr schwaches Lächeln, in den Griff, mit dem sie sich verzweifelt an seine Hand klammert. Vor acht Jahren hatte sie einen Schlaganfall, seither sitzt sie im Rollstuhl. Sie wird von ihren Kindern und Enkeln umsorgt und wartet jeden Nachmittag auf Diego. Bei seinem Besuch lebt sie auf. Diego bleibt klaglos an Marías Seite, aufrecht wie ein Baum.

»Bis morgen also, so Gott will!« verabschiedet ihn seine Tochter, die Maria pflegt.

»So Gott will, und wir gesund bleiben«, erwidert er.

Irena Vergel und Señor Polo – Apolinar Medina

Über die Rückkehr alter Bräuche

Seit Tagen dringt jeden Nachmittag monotones Rosenkranzgebet aus der kleinen Kapelle des Dörfchens Las Daras, dessen Häuser auf der harten trockenen Ebene wie hingewürfelt wirken. Eine gemessene, deutlich vernehmbare Stimme führt die Litaneien an:

Unter deinen Schutz und Schirm fliehen wir, heilige Gottesmutter … Oh du glorreiche und gebenedeite Jungfrau …

Feuerwerkskörper werden gezündet, in großen Abständen, damit sie länger vorhalten. Einmal, zweimal, dreimal, neunmal. Die klare Stimme betet vor. Die Gemeinde antwortet in an- und abschwellenden Wortwellen.

Ave Maria, voll der Gnade, ohne Erbsünde empfangen. Viertes glorreiches Geheimnis: der dich, oh Jungfrau, in den Himmel aufgenommen hat. Vater unser ... heilige Maria, Mutter Gottes, bitte für uns Sünder, jetzt und in der Stunde unseres Todes. Amen. Gegrüßet seist du Maria ...

Die viersaitige Gitarre fängt an, dann folgt ein Trommelwirbel. Jetzt stimmen drei Männer melodiöse Klagelieder an, leider ohne Violinbegleitung, weil der Geiger gestorben und dessen Platz seither vakant ist. Sein Sohn hat das Geigenspiel nicht erlernt, verfügt jedoch über eine schöne Stimme. Er ist es, der den Rosenkranz anführt.

Ehre sei dem Vater, dem Sohn und dem Heiligen Geist ...

Seit etwa fünf Jahren wird hier einmal jährlich der Rosenkranz zu Ehren von Santa Lucía gebetet, in der ihr geweihten Kapelle, die früher nur eine Lehmhütte war. Santa Lucía ist für Augenleiden zuständig. Wer solche Probleme hat, legt ein Gelübde ab, kauft Augen aus Silber und legt sie der Heiligen zu Füßen. Die Leute kommen von überall hierher, um Santa Lucía ihre Bitten vorzutragen. Religiöse Pflichten mischen sich mit der Freude an nachbarschaftlichen Begegnungen oder dem Wunsch, auf Brautschau zu gehen.

Irena steht an der Kapellentür und wartet auf die Statue der Santa Lucía. Sie trägt eine Bluse mit weißen Margeriten auf schwarzem Grund und ein himmelblaues Tuch auf den dunklen, von grauen Strähnen durchzogenen Locken. Ihre Enkelin, ein Säugling noch, hält sie an die Brust gedrückt.

Jetzt kommen die Leute aus der Kapelle. Die Musikanten setzen sich wieder die Hüte auf und reichen das Fläschchen mit Agavenschnaps herum. Die Statue der Santa Lucía wird herausgetragen, und zwar von drei Männern und einer Frau, von

Irena mit dem himmelblauen Kopftuch und der geblümten Bluse. Nun eilt die Prozession zwischen Ziegengehegen und Lehmhütten hindurch, vorbei an den Kujibäumen. Sie wirbelt dabei eine Staubwolke auf, die sich hinter der Menschentraube am Wegrand niederlässt, auf den Opuntien, dem Abfall, dem verbeulten Blechtopf und den Sardinenbüchsen der Marke Reina del Caribe mit dem Bild eines gekrönten Fisches.

Etwa auf halbem Weg, wo ein mit rosaroten Plastikblumen geschmücktes Holzkreuz in die Erde gerammt und ein einfaches Tischchen aufgestellt wurde, hält die Prozession an. Die Statue der Santa Lucía wird vorsichtig abgesetzt, und nun erhebt sich der Gesang zu Ehren der Heiligen. Die extra dafür engagierten Sänger tragen einfache Hanfschuhe. Das Hemd des Gitarrenspielers schmückt die Aufschrift: Liverpool Football Club. Das Schnapsfläschchen steckt in der Gesäßtasche seiner Hose. Der Mann an der Trommel ist der jüngste. Sein Blick schweift umher und folgt unwillkürlich den Mädchen. In ihren Gesangspausen, während die Gemeinde betet, gönnen sich die Musiker ein Schlückchen Agavenschnaps.

Die Statue der Santa Lucía wird wieder hochgehoben, und die Prozession trottet weiter. Es wird schnell dunkel. Da kommen ein paar Nachzügler mit dem Fahrrad und schließen sich an. Einer hat ein Mädchen auf der Lenkstange sitzen. Alle nehmen an der Prozession teil: die Mädchen mit den eng anliegenden Hosen und nackten Rücken, das Kind mit den Wildlederstiefeln und den klappernden Absätzen, eine Mutter mit drei kleinen Mädchen an der Hand. Der obligatorische Trunkenbold, in diesem Fall ein junger Mann mit glänzenden Lackschuhen, umarmt eine Greisin, die ihm kaum bis zur Schulter reicht, doch händeklatschend und offenbar völlig glücklich an diesem Ereignis teilnimmt.

Das Abendrot legt sich auf die Dächer aus Zinkblech und die Dächer aus Lehm. Hoch am Himmel stehen graue und malvenfarbene Wolken mit grünen Rändern und bilden einen Bogen um den ersten, einsamen Stern. Jetzt leuchten die Wolkenränder orange- und rosafarben auf, und die Umrisse der schwarzen Berge in der Ferne treten scharf hervor.

Die einzige Straßenlaterne geht an. Am Strommasten, von dem die Leitungen in alle Himmelsrichtungen abgehen, steht ein Mädchen mit auffallend strahlendem, offenem Lächeln, einen

Arm in die Hüfte gestützt. Sie wirkt wie eine unberührbare Göttin. Von einer Sekunde auf die andere endet die Dämmerung. Der Himmel klart ein letztes Mal auf. Die wirren, vielfach verästelten Baumkronen werden tintenschwarz, die Türen der Häuser leuchten plötzlich gelb, die Silhouetten der Menschen und Fahrräder verschwimmen. Dann ist es Nacht. Geräusche dringen aus der Dunkelheit: die Melodien der Musikanten, Stimmen, das Blöken der Ziegen, ein Vogelschrei, das Sausen der Fahrräder und der Wind.

Wenn der Rosenkranz zu Ende ist, kehrt die Heilige bis zum nächsten Jahr in die Kapelle zurück. In Señor Polos Haus hat sich inzwischen eine bunte Menge versammelt. Eine Musikgruppe spielt auf, und schon kommt die Sache in Schwung. Ein oder zwei betagte Paare tanzen auf die altmodische Art: Die Frau fasst den Mann leicht an der linken Schulter, die Körper sind nah beisammen, ohne sich zu berühren. Andere unterhalten sich währenddessen über den alten Brauch und wie es kam, dass er wieder aufgenommen wurde. Einer erinnert sich:

Der Brauch ist schon sehr alt. Er wurde wieder aufgenommen, weil ich so krank war, immer wieder krank. Ich kam einfach nicht hoch. Deshalb bin ich zu einem Mann nach Yaracuy gegangen, um mich untersuchen zu lassen. Er hat mir gesagt, dass es da ein Gelübde gäbe, an das wir uns halten müssen, sonst bliebe das Dorf weiter so arm. Ob ich ein Gelübde abgelegt habe, mein Vater, oder ein anderes Familienmitglied? »Nein«, antwortete ich, »nicht dass ich wüsste.« »Doch«, sagte er, »es gibt da ein uneingelöstes Versprechen.« Da kam mir der Gedanke, dass unsere Großmutter früher diesen Rosenkranz gebetet hat. Irgendwann hat sie damit aufgehört, warum, weiß ich nicht. Jetzt ist sie tot. Das erzählte ich dem Mann. Er fragte mich, ob ich Kinder habe. »Ja«, sagte ich. Darauf fragte er mich, warum meine Kinder die Tradition nicht fortgesetzt haben. Und er meinte: »Ihr müsst den Brauch wieder aufnehmen und Rosenkranz beten, sonst schadet ihr euch selbst, euren Kindern und euren Enkeln.«

Im Haus von Señor Polo, der eigentlich Apolinar Medina heißt, wird bereits Ziegenbraten mit Reis auf Plastikteller gelegt und an die Gäste verteilt. Denn wer zum Rosenkranz einlädt, ist auch für die Bewirtung zuständig.

Na gut, ich hab mir die Sache zu Herzen genommen. Zu einem Mann in Punto Fijo hab ich gesagt: »Wir brauchen unbedingt eine Santa Lucía zum Rosenkranzbeten.« Da hat er eine besorgt. Die steht jetzt in unserer Kapelle. Der Mann hat sie hergebracht, und der Pater hat sie geweiht. Weil wir damals noch keine Kapelle hatten, fand das Rosenkranzgebet hier in diesem Haus statt. Dann sind wir zum Bürgermeister gegangen und haben um eine Kapelle gebeten. Als sie stand, haben wir den Brauch in ihr fortgesetzt. Jahr für Jahr, bis heute.

Die Frauen haben sich vor der Küche, unter dem Dach des Balkons versammelt. Sie beobachten teilnahmslos den Gang der Dinge. Die jungen Leute sind weggegangen, auch die Frauen werden bald diskret verschwinden. Farbe und Putz der rissigen Wände haben sich gelöst und sind abgeblättert.

Drei Jahre haben wir in unserem Haus den Rosenkranz gebetet. Wir dachten uns: Egal wo, Hauptsache, die Gebete werden am Tag der Santa Lucía gesprochen. Jetzt haben wir eine Kapelle, und der traditionelle Rosenkranz findet dort statt. Es kommen immer viele Leute. Heute waren es wenige; ich weiß nicht warum. Im letzten Jahr standen die Menschen bis auf die Straße!

Am unteren Rand des Blechdachs verläuft eine Rinne zum Auffangen des Regenwassers. Sie wurde aus zusammengeklaubten Metallteilen gebaut und führt zu einer Röhre, die aus vielen, ineinander gesteckten Plastikflaschen besteht und in einem Vorratsfass endet.

Unsere Großmutter hieß Ularia, Ularia Vergel.

Sie hat die Tradition begründet. Nach ihrem Tod wurde 20 Jahre lang kein Rosenkranz gebetet. Als sehr alte Frau war sie blind. Auch eine der Töchter ist erblindet. Deshalb pflegen wir diesen Brauch. Wir glauben, dass, wer sich nicht daran hält, blind stirbt. Na ja, noch habe ich gute Augen.

Die Bäume wirken einsam. Ein einzelnes Fahrrad lehnt verlassen an einem Stamm, weiter hinten steht eine kleine Gruppe leerer Stühle. Im schwachen Licht der nackten Glühbirne über der Tür hocken die Männer beisammen. Der Agavenschnaps kreist. Hin und wieder spuckt einer aus. Die Spucke klatscht auf den festgetretenen Boden, dass es spritzt.

Wir möchten auch die Tradition der Heiligen Jungfrau vom Karmel wieder aufleben lassen. Jawohl. Weil sie früher wohl auch an der Prozession teilgenommen hat, wenn die Statue der Santa Lucía aus der Kapelle getragen wurde. Die Statue der Santa Lucía wurde in Anácura geholt, und dann sind sich die beiden Statuen begegnet. In der alten Kapelle, die zusammengefallen ist, hat die Begegnung stattgefunden und wurde der Rosenkranz gebetet. Ich weiß nicht, wie es passiert ist, aber die Statue der Heiligen Jungfrau vom Karmel hat Feuer gefangen. Nein, es war die Santa Lucía. Aber nicht hier, sondern in Anácura, wo sie zu Hause war. Sie hat Feuer gefangen und ist verbrannt. Es war eine Figur aus solidem Holz. Es heißt, mangelnder Glaube sei die Ursache gewesen. Ja, das wird wohl stimmen, weil sie achtlos irgendwo abgestellt war. Die Tradition wurde nicht mehr gepflegt. Als sie dann verbrannt war, kamen die Leute ins Grübeln und nahmen den Brauch wieder auf. Er wird bis zum heutigen Tag gepflegt.

Vor der Wand aus Lehm- und Strohgemisch sitzen drei Musikanten. Durch das Geflecht ihrer hellen Strohhüte fällt das Licht der einzigen, kahlen Glühbirne auf ihre ernsten, gelassenen Gesichter. Sie stimmen Trinklieder an. »Warum kommt ihr nicht mal zu uns nach La Cíenaga zum Feiern?«, fragen sie in die Runde. »Wir kommen schließlich auch zu euch!« Ein Mann bringt eine Kalebasse zum Klingen, indem er mit einem Kamm über die eingeschnittenen Querrillen reibt. Das von vielen, tiefen Falten durchzogene Gesicht des Sängers erinnert an den Stamm eines Kujibaums. Der andere Sänger, der mit dem scharf geschnittenen Profil, kann inzwischen den Ton nicht mehr halten, schaut müde drein und stützt das Kinn in die Hand.

Ich hab ein schweres Kreuz zu tragen! Darf kein Feigling sein, denk an das Sprichwort, welches sagt: »Besser spät als nie, mein Freund.«

Der geistig zurückgebliebene junge Mann mit der ausgefransten Hose sitzt auf einem etwas abseits gerückten Stuhl, geduckt, die Beine an den Knöcheln gekreuzt, die kindlichen Hände in den Schoß gelegt. Direkt unter dem Mund trägt er ein dreieckiges Bärtchen. Seine mongoloiden, zuckenden Augen blicken aufmerksam. Plötzlich lächelt er, ohne erkennbaren Anlass, wobei sich ein dichtes Netz aus feinen Fältchen um die Augen legt. Dann starrt er wieder ins Leere und rührt sich nicht. Schließlich streicht er mit den Händen sein weißes Hemd glatt. Hin und wieder geht einer der Männer zu ihm hin und zieht ihn am Ohr. Dann dreht er sich um, wird unruhig, und eine stumme Träne glänzt in seinen Augenwinkeln.

Die Nacht verschlingt sie alle, Narren wie Trinker, und die Stimmen verklingen in der Dunkelheit.

Wenn nicht gerade gefeiert wird, ist es still in Las Daras. Die Geräusche verstecken sich im Buschwerk; den Rest löscht die Sonne aus. Irena wäscht für ihre Tochter Coromoto die Wäsche, die Esteban vor kurzem einen weiteren Jungen geboren hat, und sich jetzt, mit dem Neugeborenen an ihrer Seite, im Haus ausruht. Bei ihrer letzten Schwangerschaft hat sie Zwillingsmädchen geboren, allein, ohne ärztliche Hilfe, weil es hier kein Auto gibt und sie nicht rechtzeitig nach La Cruz de Taratara kam. Das eine Mädchen hatte Atemschwierigkeiten und starb. Diesmal gab es keine Probleme, Gott sei es gedankt – oder Santa Lucía.

Eustiquio Medina

Das Herz der Agave

Eustiquio steht kurz vor vier Uhr auf und schubst die Hängematte seines Sohnes Marcos ein wenig an, um ihn zu wecken. Der Morgen ist noch dunkel und still. Die am Abend zuvor auf den Boden gestellte Kerze ist zu einem Stummel heruntergebrannt. Ein kreisrunder Schein liegt auf dem glatt polierten Zementboden und erhellt auch die Umrisse der schlafenden Gestalten in ihren leichten Hängematten.

Ein kurzes Grillenzirpen, eine der Töchter seufzt im Schlaf. Vater und Sohn räumen die Hanfschnüre zur Seite und schlingen sie um eine mächtige, mitten im Raum stehende Säule. Jetzt ist der Weg frei nach hinten, zur Küche, wo die Frau schon den Kaffee bereithält. In einer Ecke, auf ihrem Lieblingsstuhl, liegt die Katze und stellt sich schlafend. Der Hund verfolgt aufmerksam, wie die Männer schweigend den Zuckerrohrsaft trinken, ihre diversen Werkzeuge schultern und durch die Tür ins Freie treten. Mit einem anhaltenden, herzzerreißenden Iah-Schrei verkündet der Esel die frühe Morgenstunde. Im Osten zeigt sich schon ein schmaler, heller Streif am Himmel. Eustiquio und Marcos gehen am Ziegenstall vorbei, am schlaftrunkenen Esel, nehmen dann den Pfad am Fuße des Berges und beginnen mit dem Aufstieg.

Timo, der Hund, begleitet sie; er hüpft begeistert herum und schnüffelt unter Steinen. Der Steig windet sich zwischen spitzen Felsen hindurch nach oben. Eustiquio geht mit festem Schritt voran und setzt die Füße sicher aufs Geröll, ohne auszugleiten. Schließlich hat er diesen Weg schon viele hundert Mal in beide Richtungen zurückgelegt. Er trägt Stoffschuhe mit Hanfsohlen, sein Sohn dagegen Gummistiefel zum Schutz gegen die Dornen. Auf dem Weg glänzen nach dem nächtlichen Regen die vielen Staubkristalle wie Sterne. Die dickfleischigen Blätter der mannshohen Agaven sind mit Tautropfen benetzt, die sicher bald verdunsten werden. Im dunklen Zentrum der stacheligen Pflanze sitzt manchmal eine Ansammlung seidiger Fäden, unter der sich eine große Raubspinne verbirgt.

Die beiden Männer gehen gemächlich, aber stetig. Die Luft ist kühl; hin und wieder schreit noch ein Nachtvogel, der in sein Nest heimkehrt. Dichter Nebel umhüllt den Berg. Die fernen Hügel sind Schatten, die sich langsam vom Himmel lösen und immer deutlicher, immer blauer hervortreten. An einer Wegbiegung öffnet sich der Blick über das ganze Tal. An seinem Ende liegt Pecaya, das Dorf mit seinen Spielzeughäuschen.

Eustiquio ist hellwach und ruft sich beim Gehen gewohnheitsmäßig Name und Verwendung von jeder Pflanze am Weg ins Gedächtnis. Gelegentlich treffen sie auf einen Kugelkaktus (buche, denkt Eustiquio unwillkürlich), der auf seinem Schopf, im Kreis weißwolliger Blüten, ein, zwei rosige Knöpfchen trägt. Marcos zieht die längliche Frucht – sie gleicht einer winzigen, grellrosa Pfefferschote – vorsichtig zwischen den Dornen heraus und steckt sie sich zärtlich wie zum Kuss zwischen die Lippen, um ihren süßen Saft auszusaugen.

Nach zwei Stunden sind sie oben angelangt. Marcos überprüft nun die unter der Erde liegenden Meiler, in deren Glut bereits seit Montag die Agavenherzen garen. Als er die dornenbewehrten Zweige und geräucherten Blätter entfernt, um ein Stück vom faserigen Fruchtfleisch abzuschneiden, steigt lauer, süßlicher Dampf auf. Der dicke, nahrhafte, honigsüße Saft tritt aus und rinnt über Kinn und Hände: Die Agavenherzen sind gar. Beim nächsten Mal werden die Männer den Esel mitbringen, um sie hinunter zum Destilliergerät zu transportieren.

Eustiquio steigt noch höher, wo hier und da verstreut weitere Agaven wachsen. Wenn er auf eine erntereife Pflanze trifft, blitzt der Stahl seiner Machete auf, und er hackt mit sicheren Hieben die länglichen, fleischigen Blätter rund um das Zentrum der Pflanze ab. Die Klinge senkt sich tief ins saftige Fleisch, um das große, weiße Herz der Agave an der Wurzel abzuschneiden und herauszuheben. Nun kommt Marcos dazu, um die Agavenherzen einzusammeln. Sind genug beisammen, werden sie in die Erde gelegt, wo die weißen, herben Herzen von der Glut in süßes, dunkles Fruchtfleisch verwandelt werden. Denn das Herz der Agave muss erst begraben werden und durchs Feuer gehen, damit es sein wahres Wesen enthüllt.

Noch bevor der Tag beginnt, sind die beiden Männer schon auf dem Rückweg. Eustiquios Füße in den Stoffschuhen eilen flink über die scharfkantigen Steine und durch den Staub. Beim Gedanken an Josefa erhellt sogleich ein Lächeln Eustiquios Gesicht mit den vielen Fältchen um die Augen. Das Herz tanzt ihm in der Brust, wie an jedem Tag, wenn er Josefa wiedersieht.

Eine wunderbare Liebe! … Als ich mich in sie verliebte, war sie noch ein Mädchen. Ihr Vater war schrecklich. Er trank den lieben langen Tag und war ziemlich … gegen mich … hart, und ich hab mir gesagt, oh Gott, wie wird dieser Mann es aufnehmen, wenn ich seine Tochter heirate!

Eustiquio lacht ein wenig verlegen. Auf der unbehaarten Brust trägt er eine fröhliche Kette aus weißen und blauen, von roten

Streifen durchzogenen Perlen. Sie ist der Yemayá geweiht, der Göttin des Wassers und der Liebe, und beschützt ihn.

Damals ist plötzlich einer meiner Brüder krank geworden. Josefa kam und erkundigte sich nach ihm, aber ich hab kein Wort rausgebracht. Nach ein paar Tagen besuchte sie mich wieder, zusammen mit ihrer Schwester. Da hab ich versucht, mit ihr zu reden und dann ... nun, ich war ziemlich in sie verliebt. Dann haben wir geheiratet. Da war sie schon 27 Jahre alt.

Eustiquios Augen leuchten auf, wenn er seine Frau anschaut. Während er von früher erzählt, lehnt Josefa stumm in einer Ecke und hört aufmerksam zu. Durch die Tür im Hintergrund scheint die Sonne. Der würzige Duft der Bienenweiden weht von den Bergen herab und dringt in den Raum. Im Zimmer nebenan übt eines der Kinder auf der viersaitigen Gitarre, ein anderes ist damit beschäftigt aus farbigen Garnen und Hanffäden Hals- und Armbänder zu flechten, Geschenke für die Schwestern oder Freunde. Weiter hinten im Haus formt die jüngste Tochter aus rohem Ton eine Seejungfrau mit grünem Schwanz. Als Eustiquio an den Jungen vorbeigeht, halten sie einen Moment inne und falten die Hände über der Brust, um seinen Segen zu erbitten.

Er betritt das halbdunkle Zimmerchen, in dem, neben einem Durcheinander von Schuhen, Kleidung und Maissäcken, auch ein paar Bücher liegen, in denen er hin und wieder, wenn er müde vom Berg kommt, gern blättert, um sich über die Welt und die großen Städte zu informieren. Hier im schützenden Dämmerlicht steht auch der Hausaltar. Eustiquio zündet das Öllämpchen an und spricht ein Dankgebet. Dabei fällt ihm ein, dass morgen der Tag ist, an dem er auf den Berg gehen muss, fast bis zu den Wasserquellen hoch. Dort will er die Heilige Jungfrau in ihrer Kapelle verehren.

Ich hab die Statue dahingebracht, zusammen mit meinen Klassenkameraden. Am Ende der sechsten Klasse hab ich denen gesagt, wir sollten da oben ein Andenken hinterlassen. Wir haben Spenden gesammelt, ein anderer junger Bursche und ich. Dann sind wir zum Direktor gegangen und haben gesagt: »Wir möchten Sie um einen Gefallen bitten. Bringen Sie uns eine Heilige Jungfrau, die Größe spielt keine Rolle.«

Welche soll ich denn bringen?

Eine große Muttergottes von Lourdes, weil sie am Wasser erschienen ist.

Ich hab mit ein paar Burschen geredet, und die haben dann die Kapelle gebaut, damals, im Jahr 96. Ich schließe sie immer auf, alle vier Tage, um der Jungfrau die Ehre zu erweisen. Wenn dann der Marienmonat kommt, holt sie einer meiner Helfer aus der versteckten Behausung heraus. Die Straße ist dann voller Menschen, und man betet den Rosenkranz wie am Tag des heiligen Antonius.

Er hat sein Gebet beendet, die Öllampe ist erloschen. Eine Vielzahl unterschiedlicher Heiligenbilder umgibt den Altar; José Gregorio Hernández ist besonders häufig vertreten. Eustiquio nimmt das linierte Schulheft zur Hand. Er will sich sammeln und ein paar Verse niederschreiben, die ihm heute in den Sinn kamen:

Am Himmel steht ein Komet.

Ich widme diesen Vers dem Cerro Horqueta, dem Berg der vielen Farben.

Wie schön ist die Agave, wenn sie blüht. Der Kolibri schwirrt durch die Blumen, und man hört das Summen der Bienen.

Die Vögelchen singen. Schmetterlinge fliegen vorüber. Mit den großen Heuschrecken wird der Trupial flügge. Er pfeift und lässt sich auf einem Kaktus nieder.

Das Zicklein meckert freundlich, grüßt höflich den Cerro Horqueta, und ein Hündchen antwortet mit lustigem Gebell.

Draußen, im grellen Sonnenlicht, im Schutz der Gartenmauer, direkt vorm Ziegenstall, waschen sich die Mädchen. Die fernen Berge werden langsam dunkel; es ist später Nachmittag. Schon glänzen die Mädchen wie Fische. Schon hängen sie ihre gewaschenen Kleider über den Stacheldraht, damit sie im heißen Wind trocknen. Jetzt gehen sie zum Innenhof und lassen sich im Schatten des riesigen Baumes nieder. Eine sitzt gelassen lächelnd da, die andere flicht ihr das Haar zu langen schwarzen Zöpfen. Sie scherzen miteinander und necken sich. An dieser Stelle, unter dem Baum, gedeihen die Blumen und Küchenkräuter besonders gut, weil sie vom überlaufenden Wasserfass feucht gehalten werden.

Überall hängen die Käfige der Papageien herum, die Marcos, der Bruder, einfängt und verschenkt. Soeben kommt er, um nach seinen Honigwaben zu sehen. Die Bienen, seine kleinen Nutztiere, haben ihr Nest einfach in einem Stück Erde angelegt, das zwischen zwei Bretter gepresst wurde. Marcos nimmt eine Seitenwand ab und kippt die Wabe. Die Insekten kitzeln die ihnen vertraute Hand und lassen ruhig zu, dass der Honig träge aus einer Ecke abfließt. Das durchsichtige, wohlschmeckende, heilkräftige Gold strömt nicht lang. Der Honig wird für Notfälle aufbewahrt und nur in kleinen Mengen verbraucht. Marcos legt die Holzplatten sorgfältig wieder an ihren Platz und gesellt sich zu seinen Schwestern. Sie unterhalten sich ruhig, lächeln, sprechen über irgendein Dorffest, halten sich dabei an den Händen und blicken sich liebevoll an.

Die älteste Tochter kommt von der Arbeit und fängt gleich an, den Mais zu mahlen, der seit Stunden in einem Topf auf dem Boden steht. Vögel flattern so nah wie möglich an sie heran. Einem Häher gelingt es, ein wenig vom frisch gemahlenen Mehl zu stiebitzen. Josefa, die Mutter, erzählt wieder einmal die Geschichte von damals, als sie dem Kobold begegnet ist.

Wir gingen von der Schule nach Hause, ich und ein paar andere Mädchen aus meiner Klasse. Ich glaube, wir waren sechs. Als wir in die Schlucht hinunterstiegen, kamen wir an eine große Wasserpfütze. Wir zogen uns aus, gingen ins Wasser und tollten herum. Haben uns einfach in der Pfütze gebadet.

Josefas Stimme klingt kühn und übermütig als sie den köstlichen Skandal ihrer Mädchenzeit erzählt.

Ich war damals die Anführerin und befahl den anderen, schnell aus dem Wasser zu gehen, weil sich die Großmutter näherte, um uns nach Hause zu schicken. Dann stieg ich rauf bis zum Rand der Schlucht. Ich seh einen kleinen Schatten, geh hin, und schau mich um. Na, da seh ich einen Kobold hinter einem Kujibaum: so winzig, mit einem ziemlich großen Hut.

Ich hab die Sache der Großmutter erzählt, und die sagte, dass die Kobolde, die Könige des Wassers, es manchmal nicht mögen, dass sich die Mädchen baden. Manchmal verlieben sie sich. Die männlichen Kobolde. Die verlieben sich in die Mädchen. Und nehmen sie mit ... Wir haben dort nie wieder gebadet, sondern sind nach der Schule gleich nach Hause gegangen und haben uns dort gewaschen.

Während Josefa erzählt, kreischen, pfeifen und krächzen die Papageien wild durcheinander.

Großmutter hat auch mal einen Kobold gesehen ... einen weiblichen allerdings ... bei mir war es ein kleines Männchen. Ich bin an dem Tag mit der Großmutter in diese Schlucht hinuntergegangen. Wir wollten Gießwasser holen für den Mais. Großmutter ging voraus, ich hinterher. Da sei sie dem weiblichen Kobold begegnet, sagt sie. Im Wasser sei er gewesen, im fließenden Wasser. Es war eine kleine Frau. Ein hellhäutiges Wesen mit langem blondem Haar. Großmutter dachte erst,

es sei eine Frau, die sie kennt und die dort ganz in der Nähe wohnt. Aber nein, es war die Königin des Wassers.

Draußen an der Straßenecke, jenseits der Gartenmauer, bellt der Hund, man weiß nicht recht warum. Weil in den ersten blauen Schatten der Nacht die Straßenlaterne angeht, oder wegen eines Kobolds, den nur er, der Hund, sehen kann?
Am frühen Abend versammelt sich die Familie vor dem blaugrauen Licht des Fernsehgeräts. Während sich die anderen von den gespielten Freuden und Leiden der Liebespaare fesseln lassen, holt sich Eustiquio ein Stück Zedernholz und schnitzt mit seinem Messer einen glücklichen Vogel, einen kleinen Wagen für den glücklichen Vogel, ein Bäumchen mit einer Drossel, ein paar Würfel zum Aneinanderreihen und ein Gürteltier. Werden die Vögel mit gelber Farbe angemalt, sind es Gonzalitos, Trupiale oder Häher. Bekommen sie einen roten Anstrich, sind es Bachstelzen oder Rotkehlchen. In einer Ecke liegen schlichte, hölzerne Tierfigürchen und Spielsachen. Eine dieser Sächelchen, wie Eustiquio sie nennt, hängt seit Jahren über dem Hauseingang: Auf einem Brettchen halten zwei kleine Vögel mit ihren Schnäbeln ein Herz, darüber die eingeschnitzten Worte: Meine geliebten Kinder.
Sechs Kinder hat er, drei sind gestorben. Eustiquios Stimme stockt und bebt; wie hart es ihn ankommt, sich an den Kummer seiner Frau zu erinnern, an die Angst, das Unglück, die Resignation. Tiefe, verhaltene Trauer, unterdrücktes Schluchzen. Er nimmt sein Schicksal geduldig, ja erschütternd demütig an.

Für mich sind es immer neun Kinder. Was will man machen? So ist das Leben, es liegt in Gottes Hand.

Es ist dunkel geworden und die Familie setzt sich auf die Straße hinaus, um die kühle Nachtluft zu genießen. Eustiquios jüngster Sohn sucht am Himmel ein bestimmtes Sternbild und deutet mit den Händen zwei Herzen an. Es sind die Leitsterne der Familie:

Herz Jesu und Herz Mariä.

Mamá Blanca – Rosa Ramona Campo

Das geschenkte Kind

Francisco Nelo Campo verkündet, seit er denken und sprechen kann, allen Leuten, die er trifft – und das sind nicht eben wenige – dass er so bald wie möglich abhauen werde, weil er nicht hierher gehöre, sondern anderswo zu Hause sei. Was durchaus zutrifft, weil ihn Rosa Ramona Campo, die alle Mamá Blanca nennen, als acht Tage alten Winzling zu sich genommen hat.

Mamá Blanca trägt das lange Haar meist zu einem großen Nackenknoten geschlungen und, seit ihr Augenlicht so sehr abgenommen hat, eine Brille mit starken Gläsern. Zusammen mit dem dampfenden Kaffee serviert sie den Durchreisenden ihre Geschichten, die mittlerweile vom vielen Erzählen zu Legenden geworden sind. Nie fehlt dabei ein Bericht über die Umstände der Geburt ihres Pflegekindes.

Ich hab ihn geschenkt bekommen, drüben, in La Portuguesa. Mein Patensohn erzählte mir, dass dort ein Mann vorhatte, das Kind, mit dem seine Frau schwanger war, wegzugeben, weil es hieß, dass es nicht von ihm sei, sondern von einem anderen. Na, diese blöden Kerle sind ja so eifersüchtig … »Scheiße!«, wütete er. »Ich ziehe kein Kind von einem anderen auf. Du gibst es weg oder ich werfe es raus.« Als die Frau weinte und weinte, meinte mein Patensohn zu ihr: »Beruhigen Sie sich, Señora, machen Sie sich bitte keine Sorgen. Ich habe eine Patin, die Kinder sehr gern hat; ich werde ihr alles erzählen.« Mein Patensohn hat mir dann die Sache erklärt und gesagt, wann die Mutter aus dem Krankenhaus entlassen wird. Aber ich meinte: »Warte, Junge, ich komme mit dir!« Mein Patensohn wollte das nicht, weil der Alte, der Mann von der Frau so fuchsteufelswild war. Ich ließ mich aber nicht davon abbringen. Ich wollte das Kind sofort oder gar nicht.

Inzwischen ist aus dem Säugling ein schlanker, ernsthafter, früh zum Mann gereifter Junge geworden, dem irgendein Unglück ins Gesicht geschrieben steht. Stumm folgt er der Erzählung und nickt kurz, als könne er sich tatsächlich erinnern, während Mamá Blanca in kindlich aufrechter Haltung, treuherzig lächelnd und mit glänzenden Augen ihre Geschichte zum Besten gibt.

Ich hab alle Kinder geschenkt bekommen … zum Aufziehen … Hab ja keine leiblichen Kinder … Selbst die Ziege hier ist Mutter eines Zickleins.

Sie lacht in sich hinein und setzt dann ironisch-resigniert hinzu:

Sollen doch die anderen Kinder gebären, ich ziehe sie lieber auf.

Francisco ist nicht ihr einziges Pflegekind, aber das letzte, und das einzige, das wieder nach Hause gekommen ist und sich um Mamá Blanca kümmert. Als er seinen Wehrdienst geleistet hatte, zog er wieder bei ihr ein, weil es undankbar gewesen wäre, sie allein zu lassen, nach allem, was sie für ihn getan hat. Der andere Grund: Er hatte inzwischen seine leiblichen Eltern kennen gelernt und wollte fortan nichts mehr mit ihnen zu tun haben. Die Sache mit der Blutsverwandtschaft war für ihn erledigt.

Tja, ich war schon über 40, als ich ihn geschenkt bekam! »Sag doch den Leuten, dass er von dir ist«, riet mir ein Freund, »er sieht dir wirklich ähnlich.« Ich erwiderte: »Nein, das wäre Betrug. Gott kennt die Wahrheit.« Darauf meinte dieser Freund: »Sag wenigstens dem Jungen nichts! Erst später, wenn er groß ist.«

Francisco trägt ein Werktagshemd und abgelaufene Sandalen. Er sitzt auf dem Balkon, unter den hochgebundenen Hängematten für die durchreisenden Gäste, hört zu, redet, und hat dabei ein kleines, nacktes Mädchen auf den Knien.
Francisco ist erst 25 Jahre alt, schlank und muskulös. Beim Militär hat er, neben anderen Schrecken, von denen er nichts preisgibt, die besudelte, von Guerilleros massakrierte Leiche eines Kameraden gesehen. Aus Maracaibo, wo seine Truppe stationiert war, hat er Belkis, seine so sinnliche junge Frau mit den ausgezupften Augenbrauen mitgebracht. Das knapp einjährige Mädchen ist ihre gemeinsame Tochter.
Die drei schlafen in einem kleinen Nebenbau, direkt dem Balkon mit den Hängematten gegenüber. Ein Vorhang trennt die eheliche Schlafstelle vom Kinderbettchen ab. Auf der einen Seite wird das Ehebett von Schnappschüssen und Erinnerungsstücken aus seiner Zeit beim Militär gekrönt: Francisco mit dem Gewehr, Francisco inmitten des Kommandos, ein Diplom

und ein kleiner, herzförmiger, aus einer Pepsi-Cola-Büchse hergestellter Bilderrahmen. Auf der anderen Seite hängt das Bild der Jungfrau Maria, die Hölle zu ihren Füßen, von Franciscos Frau Belkis mit Temperafarben auf ein Stück Leintuch gemalt. Belkis ist erst 21 Jahre alt, hat aber noch zwei weitere Kinder, eines mit vier und eines mit sechs Jahren, und trägt ein weiteres Kind unter ihrem Herzen.

Belkis wandert in Mamá Blancas Reich umher und wartet. Worauf? Auf wen? Eines Tages wird etwas geschehen, etwas Besonderes. Schließlich kommen so viele, so unterschiedliche Menschen für eine Rast hierher, müde und staubig von der stundenlangen Reise durch den kargen Landstrich von El Espejo, durchgerüttelt von der Fahrt auf altertümlichen Lastwagen. Sie wissen, dass Mamá Blanca sich um sie kümmert wie um ihre eigenen Kinder.

Ich sage den Mädchen: Wenn ich nicht da bin, macht es wie ich: Gebt den Leuten zu essen, auch wenn sie nicht bezahlen können.

Im Januar, beispielsweise zum Fest des heiligen Antonius, kommen die Leute in Massen. Überall werden Hängematten befestigt. Mamá Blanca bietet schwarze Bohnen an, Kichererbsen und manchmal wird eine Ziege geschlachtet.

An einem Tag hatte ich 24 Gäste. Die Leute kommen gern zu mir. Einmal kam ein Herr aus Valera, an meinem Geburtstag war das, um mir diesen kleinen Kühlschrank zu schenken: »Mamá Blanca, hier, nimm diesen Kühlschrank, dann kannst du kaltes Wasser trinken.« Der ist mein Kapital, damit kann ich besser wirtschaften.

Auf dem geräumigen Balkon, wo geredet und gegessen wird, aber auch die Gäste schlafen, steht ein Fernsehapparat in einer Ecke. Ein esoterischer Nachrichtenkanal ist eingeschaltet:

Wenn Sie von Speiseeis träumen, kommt Kälte; wenn es verschiedenfarbenes Eis ist, setzen Sie auf die Zahl 89; wenn Sie von Schokolade träumen, bedeutet das Verdauungsstörungen; wenn es jedoch weiße, köstliche, zart schmelzende Schokolade ist, setzen Sie auf die Zahl 17. Kaufen Sie die mystische Glücksmedaille!

Auf der anderen Seite, über dem großen Tisch, hängt ein Bild der Vorfahren, das einmal eine Schwarz-Weiß-Fotografie war, dann aber mit inzwischen fast ausgebleichten Farben angemalt wurde. Aus einem schlichten Rahmen blicken ein schlanker Mann und eine schwarzhaarige Frau starr geradeaus. Es sind Mamá Blancas verstorbener Mann Chico Neno und seine erste Frau, Evarista.

Eines Tages kam eine meiner Nichten zu mir und sagte: »Kümmere dich um meinen Papa, er ist allein, er ist Witwer.« Ich meinte darauf nur: »Wenn er mir gefällt, kümmere ich mich um ihn, wenn nicht, dann nicht.« Dann ging ich hin und siehe da, er hat mir gefallen, sehr sogar! Auf den allerersten Blick. Dann wartete ich sehnlichst auf seinen Antrag.

So kam es, dass Mamá Blanca im hohen Alter von 27 Jahren endlich einen Ehemann bekam. Er war älter, schon 40.

Doch Liebe kennt kein Alter, nicht wahr?

Mamá Blanca, jetzt eine alte Frau, lacht ihr kindliches Lachen.

Ich hab ihm keine Kinder geschenkt. Warum auch? Es gibt schließlich viele Kinder in der Welt, die eine Mutter brauchen, die sie aufzieht und sich um sie kümmert, bis rechtschaffende Männer oder Frauen aus ihnen geworden sind.

Sein Lebtag lang hat Chico Neno Mamá Blanca Geschenke gemacht, so gut es eben ging.

Chico Neno hat mir eine Kette geschenkt, eine goldene Kette; die gab ich meiner Tochter, die in

Valera wohnt. Sie war ein sehr leichtsinniges Mädchen. Ich musste ein strenges Auge auf sie haben. »Bleib brav. Du verlässt dieses Haus nur zum Heiraten«, sagte ich ihr. »Wenn du brav bleibst, schenk ich dir diese kostbare Kette.« Das hat geklappt, und eines Tages fragte sie mich: »Mama, was ist mit der Kette? Was hast du mit der Kette gemacht?« Darauf ich: »Sie gehört dir, du hast sie dir verdient. Meine Kette und meine Zuneigung.« Sie hat die Kette dann mitgenommen. Die war viel wert! Ich hatte auch eine goldene Uhr mit einem Armband, das ebenfalls aus Gold war. An dem Tag, an dem Chico starb, hat das Uhrwerk ausgesetzt.

Das Leben in Mamá Blancas Dorf auf einem von Ziegen bevölkerten Hügel fließt ohne große Ereignisse dahin. Unten liegt das breite, trockene Flussbett, auf der anderen Seite der oben fast vertikal abgeschnittene Berg, dessen Kamm die Silhouette eines Kaktus' krönt. Weiter unten lag vor langer, sehr langer Zeit der Paradiesgarten der Ureinwohner.

Unten bei der Mühle mit dem bunten Stein, gab es die hübsch geformten und farbigen Steine: den Mond, die Sonne ... bunte Schälchen, Wolken, Trommeln, eine Violine, eine Gitarre, eine Bandola, lauter solche Sachen. Auch Sterne waren dabei. Die Leute kamen von überall her. Aber inzwischen hat der Fluss alle Steine abgerieben.

Als es tagt, lächelt noch ein Stückchen Mond am weißen Himmel. Aus dem Haus gegenüber dringen Morgengeräusche. Mamá Blanca lässt die Ziegen zum Fressen aus dem Stall. Der Himmel wird in Etappen heller oder dunkler, je nachdem, wie die Wolken ziehen. Es ist Zeit zum Aufbruch.

Möge die Heilige Jungfrau euren Weg begleiten ...

Die Segenswünsche verklingen, bis die unbefestigte Piste im Flussbett plötzlich endet und die Landstraße erreicht ist.

Dank

Mein Dank geht an alle Freunde in Venezuela und vor allem
an die Wüstenbewohner, die uns ihre Türen öffneten und
deren Gastfreundschaft kaum mit Worten zu beschreiben ist.
Sie alle haben einen festen Platz in meinem Herzen.

Einigen Menschen möchte ich persönlich danken:

Familie Ledezma – Fernando, Nena, Virginia, Belkys

Familie Mendoza – Alexander, Coy, Yenny, Sugey

Edison Daza, Marc Flallo, Alexander Cano,
Dennis Schmeichler, Nelson Garrido, Roberto Montesino,
Yoanna, Lurdes, Compa JP Fraser, Erik Aldrey,
Veronica Liprandi, Luzmira Zerpa, Jason Rainbird,
Mark Downes, Xinia und Peter Lauterbach

Compadre Otto Lauterbach für seine Reisebegleitung

Elenora, Teo und Uma für die unvergeßliche Zeit in Caracas

Stella Friedrichs für ihre wertvollen Hinweise zu den Texten

Ian Mac Master, meinem Schwarz-Weiß-Printer in London und
Isabelle Menue, meiner Schwarz-Weiß-Printerin in Paris

Kulturattaché Gloria Carnevali von der Venezuelanischen
Botschaft in London für ihre Unterstützung

Andreas Ulmke-Smeaton, meinem langjährigen Freund
und Filmproduzenten für die Inspiration zu meinem Film

Meiner Agentur Regina Anzenberger in Wien für die gute
Zusammenarbeit und das Vertrauen

Donata Wenders für die schönen Worte zu meinen Bildern

Elisabeth Brock, der Übersetzerin für die einfühlsame
Übersetzung aus dem Spanischen

Yvonne Meyer-Lohr, der Graphik-Designerin, die diesen
Bildband gestaltet hat

Monika Thaler und Gert Frederking, meinen Verlegern

Ute Heek, der Cheflektorin

Karlheinz Rau, dem Hersteller

Meiner Freundin Adriana Rodriguez Schael, die mir
das Vertrauen in die Kraft meiner Bilder geschenkt hat.
Dafür danke ich ihr von ganzem Herzen.

Impressum

Die Deutsche Bibliothek verzeichnet diese Publikation in der
Deutschen Nationalbibliografie; detaillierte bibliografische Daten
sind im Internet über http://dnd.ddb.de abrufbar.

Copyright © 2006
Frederking & Thaler Verlag GmbH, München
www.frederking-thaler.de

Alle Rechte vorbehalten

Fotografie Horst A. Friedrichs, London; England
Text Elisabetta Balasso, Barcelona; Spanien
Übersetzung aus dem Spanischen von Elisabeth Brock

Lektorat Diana Schaumlöffel, München
Gesamtgestaltung und Typographie Yvonne Meyer-Lohr, Düsseldorf
Herstellung Karlheinz Rau, München
Reproduktion Reproline Genceller, München
Druck und Bindung Passavia Druckservice, Passau

Printed in Germany

ISBN 3-89405-673-8
ISBN 978-3-89405-673-5

Der ganze oder teilweise Abdruck und die elektronische oder
mechanische Vervielfältigung gleich welcher Art sind nicht erlaubt.
Abdruckgenehmigungen für Fotos und Text in Verbindung
mit der Buchausgabe erteilt der Frederking & Thaler Verlag.